위즈덤하우스는
새로운 시대를 이끌어가는
지혜의 전당입니다.

우리 아이 종자돈 1억 만들기

우리 아이 종자돈 1억 만들기

우리아이 종자돈 1억 만들기

홍찬선, 홍혜영 지음

위즈덤하우스

우리 아이 종자돈 1억 만들기

초판 1쇄 인쇄 2008년 3월 17일   초판 1쇄 발행 2008년 3월 24일

지은이 홍찬선 홍혜영 **펴낸이** 김태영
기획 강병국

비즈니스 1파트장 신민식
기획편집 3분사_ 분사장 노창현 편집장 최수진 책임편집 고호장
1팀 고호장 김영혜 2팀 송상미 강재인 디자인 이세호
본문디자인 성인기획
마케팅분사_ 곽철식 이귀애

상무 신화섭 감사 김영진
신규사업 노진선미 황현주 이화진 외서기획 이영지
인터넷사업 정은선 왕인정 김미애 정진 홍보 허형식 임태순
광고 정소연 이세윤 김혜선 이둘숙 허윤경
영업분사_ 영업 권대관 김형준 특수판촉 최진 영업관리 이재희 김은실
본사_ 본사장 하인숙 경영혁신 김성자 재무 김도환 고은미 봉소아 최준용
제작 이재승 송현주 HR기획 송진혁 양세진
교육사업파트 이채우 김현종 이선지 우규휘

펴낸곳 (주)위즈덤하우스 **출판등록** 2000년 5월 23일 제13-1071호
주소 서울시 마포구 도화1동 22번지 창강빌딩 15층 **전화** 704-3861 **팩스** 704-3891
홈페이지 www.wisdomhouse.co.kr
출력 엔터 **종이** 화인페이퍼 **인쇄 · 제본** 영신사

값 12,000원   ISBN 978-89-6086-089-6 03320

*잘못된 책은 바꿔드립니다.
*이 책의 전부 또는 일부 내용을 재사용하려면
 사전에 저작권자와 (주)위즈덤하우스의 동의를 받아야 합니다.

이 도서의 국립중앙도서관 출판시도서목록(CIP)은 e-CIP 홈페이지
(http://www.nl.go.kr/cip.php)에서 이용하실 수 있습니다. (CIP제어번호: CIP 2008000732)

부모의 역할은 무엇일까?

우리들 대부분은 자녀를 낳아 키우고 있지만 부모의 역할이 무엇인지에 대해 그다지 고민하지 않고 지내는 것 같다. 자녀들이 '공부 잘 하고 훌륭한 사람'으로 컸으면 하는 바람은 매우 강하다. 하지만 내 아이를 그렇게 키우려면 어떻게 해야 하는지에 대해서는 제대로 된 인식과 실천이 부족한 실정이다.

부모의 역할은 아이들에게 두 가지 기초를 마련해주는 것이라고 할 수 있다. 하나는 교육이고 다른 하나는 경제적 독립이다. 이 두 가지는 '아이들이 독립적 인격체로서 경제적 자유를 누리며 살 수 있는 기반'이다.

아이가 독립적 인격체로 살아갈 수 있도록 하기 위해서는 교육이 주요한 과제이다. 인생을 살아가는 데 필요한 지식과 지혜를 갖춰주는 것이다. 한국의 부모들은 자녀들의 교육에 대해선 엄청난 정성을 쏟고 있다. 자녀 교육을 위해선 먹는 것도, 입는 것도 아낀다. '치맛바람'이라는 말이 국제어가 될 정도이다.

하지만 두 번째 기초인 경제적 독립에 대해선 이렇다 할 역할을 하지 못하고 있다. 물론 자녀들이 결혼할 때 전셋집을 마련해주는 등 최선의 노력을 해온 것은 사실이다. 하지만 자녀들이 경제적 자유를 누릴 정도의 돈을 준비해주거나, 돈을 벌고 운용하고 지키는 지식과 지혜는 거의 알려주지 못한다.

자녀에 대한 경제적 지원을 결혼 시점에 맞추는 것은 너무 늦다. 결혼하기 전, 사회생활을 시작하는 시점에 독립된 삶을 살아갈 수 있는 독립자금인 종자돈 1억 원을 만들어 주는 것이 훨씬 더 중요하다.

'우리 아이 1억 만들기'가 주제인 이 책은 바로 이런 부모의 두 번째 역할을 효율적으로 할 수 있도록 하는 데 초점을 맞추고 있다. 사랑스런 우리 자녀가 사회생활을 시작하는 20대 중반에 1억 원을 갖도록 함으로써 경제적 자유를 누리는 완성된 인격체로 살아갈 수 있도록 하는 지혜를 함께 실천해보자는 취지이다.

'우리 아이 1억 만들기'는 크게 3가지 장점을 갖고 있다. 첫째는 경제적 자립을 할 수 있는 기반을 만든다는 점이다. 1억 원은 '억만장자'라는 말에서 알 수 있듯 부자로 평가받을 수 있는 시발점이다. 또 1억 원은 다양한 자산운용 방법을 활용할 수 있을 만큼 큰돈이다.

사회생활을 시작하는 20대 중반에 1억 원이 있는 사람과 없는 사람
의 차이는 엄청나게 크다.

둘째는 살아가는 데 필요한 경제 지식과 지혜를 자녀에게 가르쳐
줄 수 있다는 것이다. 우리나라에서는 학교에서 경제교육을 충실히
해주지 못하고 있다. 하루하루의 직장생활에 바쁜 부모들도 관심을
갖고 자녀들에게 경제교육을 해주기란 사실상 불가능한 현실이다.
하지만 '우리 아이 1억 만들기' 프로젝트를 진행하면서 자연스럽게
자녀들이 경제에 대해 배울 수 있는 기회가 될 것이다.

셋째는 가정의 화목을 가져온다는 것이다. 현대 가정의 가장 큰
문제 중의 하나는 부모와 자녀 및 부부 사이에 대화가 부족하다는
점이다. 대화가 없기 때문에 서로에 대한 이해력이 떨어지면서 말다
툼과 갈등이 생겨난다. 하지만 '우리 아이 1억 만들기'를 함께 하면
서 부모가 자녀와 함께 전략을 세우고, 상품을 고르며, 금융회사 영
업점에 찾아가고, 매월 수익률에 대해 이야기를 나누다보면 서먹서
먹했던 그동안의 가정이 환하게 바뀔 것이다.

이렇게 좋은 '우리 아이 1억 만들기'이지만, 지금 당장 하려고 하
면 막막한 부모들이 많을 것이다. '당장 생활도 쉽지 않은데 어떻게
1억 원이라는 큰돈을 마련할 수 있겠느냐?'며 자포자기하는 사람이
적지 않을 것이다. '올라가지 못할 나무는 쳐다보지도 말라'는 속담
을 들이대는 사람도 있을 것이다.

하지만 '된다고 믿고 하는 일은 반드시 이뤄진다'는 게 그동안 나

의 경험을 통해 얻은 법칙이다. 1억 원을 만드는 것은 결코 쉬운 일
은 아니다. 그러나 일찍 시작하면 불가능한 일만도 아니다. 아기가
태어나자마자 아이 명의로 적립식 주식형 펀드에 가입하면 아이가
대학을 졸업할 때면 1억 원을 만들 수 있다. 있으면 편하겠지만 없어
도 생활에 큰 지장이 없을 정도의 작은 돈(예를 들어 한 달에 15만 원
안팎)일지라도 20여 년이라는 시간과 합쳐질 경우 1억 원이라는 기
적을 만들어내는 것이다. 이런 기적을 만들어내는 것이 바로 '복리
의 마술'이라는 것이다. 복리의 마술과 1억 원을 만드는 구체적인
전략에 대해서는 이 책의 2장에서 자세하게 설명하였다.

이 세상에는 부자와 부자가 아닌 사람이 있다. 또 성공한 사람과
실패한 사람도 있다. 성공도 하고 부자인 사람은 아무리 힘들고 절
망적인 상황에서도 꿈과 가능성을 믿고 장기적으로 옳은 일을 하는
사람들이다. 반면 실패를 반복하고 가난한 사람은 꿈과 가능성에 회
의를 품고 시도를 하지 않는 사람들이다.

오늘 '우리 아이 1억 만들기'를 시작하는 부모들은 자녀가 성장한
후 오늘의 선택에 감사할 것이며, 우리 아이들 또한 그 선택에 감사
할 것이다.

이 책을 쓰는 데 여러분들의 도움을 많이 받았다. 먼저 위즈덤하
우스의 강병국 기획위원님을 비롯한 편집부 여러분들께도 감사드린
다. 취재 과정에서 좋은 아이디어와 정보를 주신 여러분들께도 감

사의 말씀을 드린다. 한 분 한 분 모두 소개하고 감사의 인사를 하는 것이 도리겠지만 여러 가지 사정상 간접적으로 드리는 것에 대해 양해해주실 것으로 생각한다.

나는 이 책이 '우리 아이 1억 만들기'를 위해 구체적인 도움이 되기를 간절히 기원한다. 이런 의도가 얼마나 구체화됐는지에 대해서는 독자 여러분들의 따끔한 질정叱正을 부탁드린다.

2008년 2월
필자를 대표하여
홍찬선

• contents •

3장 _ 금융 IQ와 금융 EQ를 높이자

하루 빠른 재테크,
우리 아이 인생이 바뀐다

신철식 전 국무조정실 정책차장(차관급)은 고위공무원 가운데 가장 큰 부자다. 신 차장의 2006년 말 재산은 191억 원이나 됐다. 고위공무원단 나 등급(옛 2급) 이상 공직자 625명 가운데 가장 돈이 많다. 공무원 월급은 대기업에 비해 훨씬 적다. 그럼에도 불구하고 신 차장이 일반 대기업 임원들조차 갖기 힘든 큰돈을 보유할 수 있었던 비결은 무엇일까.

신 차장이 이렇게 큰 부자가 된 사연은 의외로 간단하다. 선친인 고 신현확 국무총리가 삼성물산 회장 시절에 취득한 삼성전자 주식 1만주를 신 차장에게 물려준 것이 비결이라면 비결이다. 이 주식은 그 뒤 무상증자 등을 거쳐 2만 4,000주로 늘어났다. 신 차장은 이 주식을 팔아 강남에 100억 원대의 빌딩을 샀으며 그것이 불어난 것이다. 결국 주식이 그를 백억 원대 부자로 만든 것이다.

신철식 차장의 사례는 '부모의 선택이 자녀의 인생을 좌우한다'는 것을 생생하게 보여준다. 자녀를 위해 삼성전자 주식을 사주었다는 '단순한 선택'이 삼성전자 CEO(최고경영자)를 지낸 진대제 전 정보통신부 장관보다 더 큰 부자로 만들었다. 나를 위해 투자하지 말고 자녀의 미래를 위해 투자하는 부모의 선택이 자녀의 인생을 바꿔놓은 것이다.

"백일과 첫돌 선물로 주식계좌 어때요"

● ● ●　결혼을 늦게 해 아이도 늦게 나은 조진형(가명) 모 교육컨설팅회사 대표. 그는 첫째 아이가 태어나자마자 모 자산운용회사에 아이 명의로 적립식펀드를 가입했다. 매월 납입금액은 30만 원. 조 대표는 이 정도 금액이면 아이가 커서 대학을 졸업한 뒤 아이가 하고 싶은 일을 무엇이든지 할 수 있는 종자돈이 될 것으로 믿고 있다.

"매월 30만 원씩 20년 납입하면 원금만 7,200만 원 됩니다. 연 수익률이 10% 정도이면 2억 원이 넘지요. 물가가 오르겠지만 펀드 수익률이 10%를 넘는다고 보면 무엇이든 할 수 있을 것입니다. 사업을 한다든가, 해외유학을 간다든가, 아니면 생활비에 구애받지 않고 자선봉사활동을 할 수 있을 겁니다. 내 아이가 돈의 구속을 받지 않고 자신의 인생을 살아갈 수 있는 준비를 지금부터 하는 것은 잘 했다는 생각입니다. 지금 월 30만 원이면 그다지 크지 않은 돈이지만 20년이라는 기간을 감안하면 일찍 시작해 조금씩 준비하는 게 중요합니다.”

이런 사례는 조 대표에만 그치는 것이 아니다. 2004년 6월 29일에 첫돌을 맞은 ‘강보에 싸인 아이’ 한명준(가명)은 2004년 2월 20일경 광주신세계로부터 3월 8일에 열리는 주주총회에 참석해달라는 통지서를 받았다. 나이는 어렸지만 어엿한 광주신세계의 주주였기 때문이었다. 회사 오너들이 자녀나 손자 및 손녀를 위해 주식을 물려주어 영아들이 주주가 되는 사례가 가끔 있다. 하지만 한명준은 그런 오너의 아들이나 손자가 아니라는 점에서 색다르다.

겨우 첫돌을 맞은 아이가 광주신세계 주주가 된 사연은 이렇다. 당시에 모 투자자문회사 사장이던 할아버지가 백일 선물로 증권회사에 1,000만 원짜리 위탁계좌를 만들어 준 뒤 주식을 사주었던 것이다.

“백일 선물로 금반지나 금팔찌를 주는 게 관례지요. 하지만 금반지나 금팔찌를 받아 놓으면 거의 쓸모가 없습니다. 애들이 앞으로 살아가는 데 별다른 도움이 되지 못해요. 그래서 아들과 며느리 및 친척들에게 선물할 것이면 금반지를 사오지 말고 그에 상응하는 돈으로 가져오면 증권계좌를 만들어 주겠다고 얘기했습니다. 그렇게 축하금으로 들어온 돈이 400만여 원이 됐습니다. 여기에 돈을 좀더 보태 1,000만 원짜리 계좌를 만들어 주었죠.” 할아버지 사장의 설명이다.

그의 설명이 이어졌다. “부도가 나지 않을 우량기업 주식을 장기적으로 사두면 명준이가 커서 해외유학 갈 자금은 충분히 마련할 수 있을 겁니다. 광주신세계와 LG마이크론, (주)LG 우선주 등을 사놓았습니다. 그 뒤 몇 차례 포트폴리오를 재구성했죠. 3년 10개월여가 지난 2007년 10월 현재 평가액은 3,000만 원을 넘었습니다.”

그는 둘째 손자가 백일을 맞았던 2006년 초에도 금반지 대신에 돈으로 받아 1,000만 원짜리 증권계좌를 만들어 주었다. 1년 6개월여가 지난 뒤 둘째 손자 계좌의 평가액은 2배인 2,000만 원을 넘고 있다.

시계바늘을 좀더 과거로 되돌려 보자. 뉴밀레니엄이 시작된 2000년에 김한국(가명) 씨는 미국에서 경영학 박사 학위를 받았다. 김 씨가 대학을 졸업하고 미국 유학길에 오른 것은 1994년. 당시 그가 부모님으로부터 받은 유학자금은 3,200만 원. 당시로선 적지 않은 거금으로 유학을 떠날 수 있었던 것은 부모님의 장기적인 목돈만들기 플랜 덕분이었다.

김 씨 부모는 김 씨가 세 살이 됐을 때부터 김 씨 이름으로 적금을 들기 시작했다. 매월 적립금은 4만 원. 당시 은행 적금금리는 연 10%였다. 이를 20년 동안 한 달도 빠짐없이 납입했더니 3,200만 원이라는 거금이 마련됐다. 매월 4만 원씩 20년을 납입하면 원금은 960만 원밖에 되지 않는다. 하지만 연 10%에 이르는 금리가 매년 '복리의 마술'을 부리며 이자는 눈덩이처럼 불어난 것이다.

물론 김 씨의 부모가 그가 세 살 때부터 매월 4만 원을 적립한 것은 유학자금을 만들기 위해서는 아니었다. 김 씨가 사회생활을 시작할 때 인생을 설계할 종자돈을 마련해주기 위한 것이었다. 김 씨는 부모가 마련해준 종자돈으로 그의 꿈을 실현하기 위해 미국 유학을 떠난 것이다. 처음 시작할 때는 뚜렷한 목표가 있었던 것은 아니지만, 자녀를 위해 20년 계획을 갖고 종자돈을 마련한 결과 자녀가 하고 싶은 일을 할 수 있도록 해주는 결과를 가져온 것이다.

자녀가 어렸을 때부터 자녀의 미래를 위한 목돈 마련에 나서고 있는 사람이 늘어나고 있다. 자신의 소득과 물가상승률보다 훨씬 빠르게 높아지고 있는 교육비를 마련하는 것은 물론, 사회생활을 시작하는 20대 초중반에 독립된 사회인으로서 자유로운 생활을 할 수 있는 기반을 만들어 주기 위해서다.

이런 흐름은 자산운용의 큰 물줄기가 '저축'에서 '투자'로 바뀌고 있는 2000년대 중반부터 정착되고 있다. 주식시장이 활황세를 보이고 주식형 적립식펀드가 인기를 끌면서 '우리 아이가 사회생활을 시작할 때에 1억 원을 만들어 주는 것이 어려운 일이 아니다'는 인식이 확산되고 있는 데 따른 것으로 분석된다. 주식형 펀드의 연간 수익률이 20%를 넘어 50%에 가까워지는 해가 많아지면서 매월 30

만 원 정도만 납입하면 충분히 1억 원을 만들어 줄 수 있다는 계산이 가능해지고 있기 때문이다.

세계에서 가장 부자가 많은 유대인들이 아이들의 성년식 때 반지 같은 선물을 주는 대신에 현금을 줌으로써 사회생활을 시작할 때 이미 '평균적으로 5만~6만 달러, 많게는 수십만 달러의 돈을 가진 부자'라는 사실이 알려지고 있는 것도 '우리 아이 1억 만들어 주기' 붐의 원인으로 작용하고 있다. 백일이나 첫돌 선물로 금반지를 해주는 대신에 돈을 모아 증권계좌나 주식형 펀드에 가입해줌으로써 경쟁이 치열한 사회생활을 헤쳐 나가는 '독립자금'으로 활용할 수 있도록 하겠다는 뜻이다.

하루 이른 시작, 앞당기는 1억 마련

● ● ● 그렇다면 언제 1억 만들기를 시작해야 할까. 정답은 빠를수록 좋다는 것이다. 아이가 태어나자마자 곧바로 1억 만들기 프로그램을 시작하면 가장 적은 금액으로 목표를 달성할 수 있다. 그렇다면 아이가 10살이나 15살이면 포기해야 한다는 말인가. 절대로 그렇지 않다. 시작이 늦으면 투자금액을 늘리거나 투자수익률을 높이면 늦게 시작한 것을 만회할 수 있다. 늦었다고 포기하면 영영 할 수 없지만, 늦었더라도 시작하면 틀림없이 1억

만들기에 성공할 수 있다.

해외사업을 하다 지금은 전업 투자자로 활동하고 있는 김상식(가명) 씨는 2005년 초, 손녀 딸 명의로 200만 원짜리 증권 위탁계좌를 만들었다. 첫 손녀가 태어난 기념으로 태어난 바로 그날 계좌를 만들어 준 것이다. 2년 반 정도가 지난 2007년 10월에 그 돈은 800만 원으로 4배나 불어났다.

"초기 투자금액은 매우 적었지만 주식시장이 호황이어서 운용을 잘 한 결과 잔액이 크게 늘었습니다. 앞으로도 지금 같은 전략으로 운용하면 이 돈은 손녀가 사회에 나올 때쯤이면 엄청난 돈으로 불어나 있을 겁니다."

사람들은 자녀와 손자, 손녀의 생일 선물로 주식형 펀드나 주식계좌를 만들어 주었다는 말을 들으면 '그렇게 해서 언제 목돈을 모으겠느냐?'며 코웃음을 친다. 그러면서 화끈하게 코스닥시장에 뛰어들어 대박을 터뜨린 뒤 한몫 떼어주겠다고 큰소리를 친다.

하지만 결과는 정반대다. '길게 보자고 작게 시작한 사람'은 자녀들에게 확실한 목돈을 챙겨줄 기반을 마련하지만, '짧게 보고 크게 하자'고 하는 사람은 자녀들에게 목돈을 물려주기는커녕 스스로의 노후자금도 까먹고 만다.

인생은 길다. 지금 시작하는 사람과 한 달 뒤, 1년 뒤에 시작하는 사람은 차이가 있다. 다 클 때까지 시작 안 하는 사람과의 차이는 하늘과 땅처럼 비교할 수 없을 정도로 커진다. 하루 이틀 살고 마는 인생이 아니다.

'10년 법칙'이라는 게 있다. 역사에서 위대한 업적을 남긴 사람들은 대부분 날 때부터 능력을 타고난 천재라고 생각하기 쉽다. 하지만 어렸을 때 천재라고 알려졌던 사람들이 위대한 업적을 남긴 사례는 그다지 많지 않다. 오히려 어렸을 때는 학교에서 낙제를 당하는 등 두각을 나타내지 못했던 이들의 업적이 큰 경우가 훨씬 많다. 에디슨과 아인슈타인이 대표적인 예라고 할 수 있다. '10년 법칙'이라는 것은 바로 어떤 분야에서 탁월한 업적을 나타내려면 적어도 10년 동안 꾸준히 노력해야 한다는 것이다.

우리 아이에게 1억 원을 만들어 주는 것도 '10년 법칙'의 적용을 받을 것이다. '토끼와 거북이의 경주'를 본받을 필요가 있다. 거북이처럼 작지만 끈질기게 포기하지 않고 목표를 향해 나아가면 경주에서 이긴다. 반면 토끼처럼 한 번에 큰 이익을 낸 뒤 거북이가 많이 뒤쳐졌다고 낮잠을 자면 게임에서 진다. 은근과 끈기는 달리기 경주에서뿐만 아니라 자산운용 게임에서도 승리의 법칙으로 작용한다. 거북이가 토끼를 이기는 것 *Slow and Steady wins the race!* 이다.

아이를 위한 재테크, 늦어도 사춘기부터

● ● ● ● 유대인들은 13세가 되는 생일에 '성

인식'을 성대하게 한다. 평생에 결혼식과 함께 가장 중요한 날로 꼽힐 정도다. 성인식을 성대하게 하는 것은 종교적으로 성인 대접을 해주기 때문이다. 남자 아이의 성인식을 히브리어로 '바 미쯔바Bar Mitzvah'라고 하는데 이는 '계명에 따라 사는 아들'이라는 뜻이다. 즉 성인식을 마치면 '책임 있는 완전한 성인'이 되는 것이다. 과거에 여성에게는 이런 행사가 없었지만 여권이 신장되면서 1921년부터 여성 성인식(바트 미쯔바, Bat Mitzvah)도 열리고 있다.

이런 의미를 갖고 있는 성인식이기 때문에 유대인 어린이들은 13세 생일 1년 전부터 이날의 행사를 위한 준비를 한다. 부모의 기도에 따라 기도 방법을 배우고 시나고그(유대교 교회)에서 읽고 설명할 토라(성경)를 공부한다. 1년 동안 대중 앞에서 말하는 방법을 배우기 때문에 유대인들은 대부분 토론을 아주 잘 한다.

유대인 성인식의 색다른 점은 시나고그에서 행사를 마친 뒤 축하모임을 연다는 점이다. 결혼식 피로연처럼 진행되는 축하모임에서는 결혼식 축의금처럼 부조금을 낸다. 친인척과 친구들이 1인당 200달러(약 19만 원) 정도를 낸다. 할머니나 할아버지 등을 비롯한 가까운 가족들은 유산을 물려준다는 생각에서 적지 않은 돈을 내기도 한다. 뉴욕 중산층의 경우 성인식에서 평균 5만~6만 달러(약 4,700만~5,600만 원)가 들어온다. 가난한 집에서는 1만~2만 달러 정도에 머물지만 부자의 경우엔 20만 달러(약 1억 9,000만 원) 이상이 들어오기도 한다.

이 돈은 성인식을 치른 주인공에게 주어진다. 성인이 된 사람의 명의로 예금을 하거나 채권 또는 주식을 사서 묻어 둔다. 5만 달러를 연 7% 수익률로 10년 동안 운용했을 경우 약 10만 달러가 된다. 유대인들은 대부분 대학을 졸업할 때 이미 10만 달러(약 9,400만 원)에 이르는 거금을 갖고 사회생활을 시작하는 것이다.

유대인들 가운데는 부자가 많다. 어렸을 때부터 돈의 의미와 돈의 관리방법 등에 대해 가르침을 받아 금융 및 경제 지식이 높은 상태에서 이렇게 큰돈을 갖고 사회생활을 시작하기 때문이다. 세계 각국에 흩어져 살고 있는 유대인은 약 1,500만 명으로 추정되고 있다. 전 세계 인구의 0.25%에 불과할 정도로 소수민족이다. 하지만 유대인의 영향력은 대단하다. 1901년부터 현재까지 노벨경제학상 수상자의 65%가 유대인이다. 미국에서 가장 잘 사는 400대 부자 가운데 유대인은 무려 23%나 된다. 상위 40대 부자 중의 유대인 비율은 40%로 높아진다. 영어에 '유대인 같은 부자'라는 숙어가 있을 정도로 부자가 많은 것은 사회생활을 시작할 때부터 이미 부자이기 때문이기도 하다.

하지만 한국의 젊은이들은 이와 정반대다. 금융 및 경제에 대한 교육을 거의 받지 못한 상태에서 사회생활을 시작한다. 고등학교 때까지는 돈에 대한 얘기를 꺼내는 것조차 받아들이지 않는다. 대학에 들어가서도 부모님으로부터 용돈을 타서 그다지 부족하지 않게 소비하는 것이 금융이며 경제인 것처럼 알고 큰다. 대학을 졸업하고서도 취업을 하지 못하는 사람이 늘어나면서 성인이 된 이후에도 부모의 경제력에 의지해서 살아가는 '캥거루족'이 적지 않은 실정이다.

늦어도 사춘기 때부터 자산운용을 시작하는 유대인과 20대 후반이 돼서도 자산운용에 대한 기초지식마저 갖추지 못한 한국의 젊은이, 그들의 미래가 어떨지는 보지 않아도 훤히 알 수 있다.

복리의 마술과 72법칙을 알면 1억 원이 가까워진다

● ● ● ● '우리 아이 1억 만들기'에서 잊지 말아야 할 것이 '복리의 마술'과 '72법칙'이다. 먼저 복리의 마술에 대해 알아보자.

옛날 중국의 한 황제가 장기판을 개발한 사람에게 "상으로 무엇을 받고 싶으냐?"고 물었다. 장기에 재미를 붙인 이 황제는 개발자가 어떤 것을 원하든지 그의 소원을 들어줄 생각이었다.

잠시 뜸을 들이던 개발자는 머리를 조아리며 이렇게 대답했다. "장기판 첫째 칸에 벼 한 톨을, 두 번째 칸에는 두 톨을, 셋째 칸에는 네 톨을, 넷째 칸에는 여덟 톨…, 이런 식으로 마지막 칸까지 2배씩 올려 주십시오."

이 말을 들은 황제는 선뜻 응낙했다. '그까짓 벼 몇 톨을 주지 못할 이유가 없다'고 생각한 때문이었다. 하지만 황제는 곧 자신이 어리석었다는 것을 깨닫고 개발자에게 다른 소원을 얘기하라고 애원할 수밖에 없었다. 처음 10째 칸까지는 고작 1,024톨에 불과했지만, 20째 칸에 오자 104만 8,576톨로 늘어났고, 그 뒤부터는 감당할 수 없을 정도로 불어났기 때문이다. 마지막인 81번째 칸에는 241785…로 시작되는 25자리 수만큼의 벼가 필요했다. 궁전의 곳간은 물론 나라 전체의 곳간을 비워도 불가능한 일인 것이다.

물론 이 얘기는 사실史實이 아니라 우스개로 전해 내려오는 전설傳說이다. 하지만 이 얘기는 복리複利가 얼마나 무서운지를 나타내는 '복리의 마술'을 생생하게 보여준다.

복리의 무서움은 돈을 빌렸을 때 원리금이 눈덩이처럼 불어날 때 절실하게 느낄 수 있다. 아이가 갑자기 아프다든지, 교통사고를 당해 생각지도 못한 돈이 필요해 부득이하게 현금서비스를 300만 원 받았다고 해보자. 다행이 다음 달에 돈이 생겨 300만 원을 갚으면 아무 문제가 없다. 하지만 일자리를 잃었다든지, 원래 직업이 없는 경우엔 300만 원을 갚기가 쉽지 않다. 그러면 매월 현금서비스 만기가 돌아오면 다른 카드에서 현금서비스를 받아 갚는다. 그러다 카드에서 더 이상 현금서비스를 받지 못하면 상호저축은행에 가서 고리의 대출을 받거나 사채시장을 찾는다.

복리의 마술은 투자에서도 그대로 적용된다. 예를 들어 100만 원을 연 10%의 복리로 운용할 경우, 10년 뒤에 259만 원(100만 원×1.10의 10제곱)으로 2.5배 늘어난다. 15년 뒤에는 4배, 30년 뒤에는

17배로 불어난다. 반면 단리로 운용한다면 8년까지는 복리와 수익률이 비슷하지만 15년 뒤에는 2.5배, 30년 후에는 4배밖에 안 된다.

현재 은행 예금으로는 복리의 마술을 기대하기 어렵다. 복리상품이 거의 없어 매년 계좌를 옮겨 불어난 원금을 다시 예금해야 하기 때문이다. 예를 들어 100만 원을 예금해 1년 뒤에 104만 원이 됐다면 그것을 인출해 새로운 통장에 전액을 다시 넣는 것을 매년 반복해야 복리 효과를 얻을 수 있다.

반면 적립식 주식형 펀드는 복리 효과를 얻을 수 있다. 매년 결산을 해 원금과 이익을 합한 원리금을 원금으로 해서 다시 운용하기 때문이다. 하지만 도중에 수익률이 마이너스가 나면 복리로 늘어났던 투자수익이 물거품이 될 우려가 있다.

예를 들어 첫해에 100% 이익을 올린 뒤 둘째 해에 50%를 손실을 봤다고 해보자. 이 경우 2년 뒤의 누적수익률은 0%다. 1,000만 원 투자했는데, 첫해에 100% 수익을 얻어 2,000만 원이 됐다가 이듬해에는 50%의 손해를 봤기 때문에 1,000만 원이 되는 것이다. 즉 본전이다. 반면 첫해에 25% 수익을 내고 이듬해에도 또 25%를 낸 경우엔 어떻게 될까. 이 경우 누적수익률은 56.3%나 된다. 1,000만 원을 투자했을 경우 첫해에 25% 수익을 얻어 1,250만 원이 됐다가, 이듬해에 1,250만 원으로 25%의 수익을 내기 때문에 1,563만 원(1,250만 원×1.25)이 되는 것이다.

하지만 위의 2가지 사례의 2년 평균수익률은 모두 25%다. 처음의 경우는 〔(100%−50%)÷2〕=25%이고, 두 번째 경우는 〔(25%+25%)÷2〕=25%이다. 평균은 모두 25%로 똑같지만 실제로는 0%와 56.3%라는 엄청난 차이가 난다. 이것이 바로 평균이라는 숫자의 착각이며, 복리의 마술이라는 것이다.

펀드를 고를 때 높은 수익률을 내는 펀드보다는 주식시장이 아무리 떨어지더라도 손해를 보지 않는 원칙을 지키는 펀드를 선택하는 게 중요한 이유다. 직접 주식투자를 할 때도 높은 수익률을 추구하기보다 상대적으로 낮지만 안정적인 수익을 추구해 한해라도 손해를 보지 않는 게 훨씬 중요하다.

다음으로 72법칙이다. '72법칙'은 돈을 은행이나 자산운용회사에 맡겼을 때 그 돈이 2배로 되는 데 시간이 얼마나 걸리는지를 쉽게 알려주는 공식이다. 원리금 계산 공식인 $P=A(1+r)^n$, 즉 '원리금 합계=원금$(1+이자율)^n$'을 응용해서 72를 적용되는 금리로 나누면 2배가 되는 기간이 나오는 법칙을 만들었다.

즉 A를 1만 원, P를 2만 원으로 놓은 뒤 r과 n을 달리하면서 계산해본 뒤에 법칙을 만든 것이다. 예를 들어 1,000만 원을 연 5.0%짜리 정기예금에 맡기면 2,000만 원이 되는 데 14.4년(72÷5)이 걸린다. 금리가 4%이면 18년(72÷4)으로 늘어나는 반면 금리가 6%이면 12년(72÷6)으로 단축된다. 목돈을 만드는 데 금리가 매우 중요하다는 것을 금세 알 수 있다.

'72법칙'은 목표로 잡은 특정 기간 안에 돈을 2배로 불리려면 금리가 얼마가 돼야 하는지도 쉽게 계산할 수 있도록 해준다. 1억 원을 10년에 2억 원으로 만들려면 연 7.2%(72÷10)의 이자를 받아야 한다. 5년 안에 2배로 불리려면 이자는 연 14.4%(72÷5)로 높아져야 한다. 반면 15년 안에 2배로 돼야 한다면 금리는 연 4.8%(72÷15)로도 충분하다(물론 이자에는 이자소득세가 붙기 때문에 금리는 이보다 훨씬 높아야 한다).

낮은 금리로 원금을 2배로 불리려면 가능한 한 빨리 자산운용을 시작해야 하며, 짧은 기간 안에 2배로 만들려면 위험을 무릅쓰고서라도 수익률을 높여야 한다는 것을 알 수 있다.

'72법칙'은 물가가 올라 똑같은 돈으로 살 수 있는 물건이 줄어드는 현실 세계에서도 그대로 적용된다. 연간 물가상승률이 3%라면 24년(72÷3) 뒤에는 구매력이 절반으로 줄어든다. 24년 뒤에 지금과 같은 생활수준을 유지하려면 돈이 2배는 있어야 한다는 뜻이다.

이는 자산운용을 할 때 물가상승률을 감안해야 하는 것이 매우 중요하다는 사실을 일깨워준다. 모든 재산을 예금에만 넣어둘 경우 물가상승에 따른 구매력 감소 위험을 벗어나기 어렵다. 반면 주가는 어느 정도 물가상승률을 감안해 움직인다. 물가상승률을 감안한다면 다른 어떤 금융상품보다 주식투자를 선택하는 게 바람직하다.

인내는 쓰되 그 열매는 달콤하다

●●● 미국 스탠퍼드대학의 월터 미셸 박사는 아이들을 대상으로 한 '마시멜로 실험'을 통해 놀라운 사실을 발견했다. 미셸 박사는 실험에 참가한 네 살배기 아이들에게 달콤한 마시멜로 과자를 하나씩 나누어주며 15분간 마시멜로 과자를 먹지 않고 참으면, 상으로 한 개를 더 주겠다고 했다. 그 결과 실험에 참가한 아이들 중 3분의 1은 15분을 참지 못한 채 마시멜로를 먹어 치웠다. 하지만 3분의 2는 끝까지 기다림으로써 상을 받았다.

그런데 놀라운 사실은 그로부터 14년 뒤에 밝혀졌다. 당시 마시멜로의 유혹을 참아 낸 아이들은 스트레스를 효과적으로 다룰 줄 아는 정신력과 함께 사회성이 뛰어난 청소년들로 성장해 있었다. 반면 눈앞에서 바로 마시멜로를 먹어 치운 아이들은 쉽게 짜증을 내고 사소한 일에도 곧잘 싸움에 말려들었던 것이다. 10여 년 전의 작은 인내와 기다림이 눈부신 성공을 예비하는 강력한 '단서'로 작용한 것이다.

'마시멜로 실험'은 절약과 절제의 중요성을 가르쳐준다. 즉흥적인 만족을 보다 나은 만족으로 바꾸려면 충동적인 것보다 참아야 한다는 것을 보여준다. 광고의 유혹에서 벗어나 허례의식과 소비주의 유혹에서 벗어나는 게 중요하다는 것을 가르쳐 준다. 소득보다 적게 쓰는 절약과 적정 수준에서 만족할 줄 아는 것이 경제적 자립을 이룰 수 있는 출발임을 보여주는 것이다.

우리 아이들은 매일 수많은 유혹에 노출된다. TV를 켜면 각종 놀이기구에서부터 먹을 것 등이 아이를 꼬드긴다. 초등학생 4학년만 넘으면 휴대폰을 가져야 정상인 것처럼 여겨진 지 오래다. 닌텐도 게임기가 없는 아이가 거의 없다. MP3나 디지털카메라도 필수품이 되고 있는 양상이다.

아이들이 소득은 없는 상태에서 소비만을 먼저 배우기 때문에, 돈 버는 것의 어려움과 돈 없을 때의 괴로움을 모른다. 지속적인 소득이 없으면서도 신용카드를 과다하게 써 신용불량자로 전락함으로써 평생 자유롭지 못한 생활을 하는 안타까운 경우도 적지 않다.

우리의 사랑스런 아이들이 꿈도 펼쳐보기 전에 신용불량자가 돼 구겨진 삶을 살도록 방치할 것인가, 아니면 지금은 다소 힘들지만 참고 견딤으로써 미래에 여유로운 삶을 살 수 있게 할까. 우리는 지금 심각한 선택의 기로에 서 있다.

달라진 성공의 법칙

● ● ● 1997년 말에 터진 외환 위기부터 한국에서 성공의 법칙이 바뀌었다. 과거에는 학교 공부를 열심히 해 좋은 대학교에 입학하는 것이 어느 정도 인생의 성공을 보장했다.

이른바 일류대학교에 입학하면 특별한 잘못이 없는 한 졸업장을 받았다. 졸업 뒤에는 누구나 들어가고 싶은 대기업에 취직하는 것도 그다지 어려운 일이 아니었다. 먼저 입사한 사람이 승진도 먼저 한다는 연공서열年功序列과 정년 때까지 고용이 보장되는 종신고용終身雇用이라는 원칙에 따라 한번 들어간 회사가 평생직장이 되었다.

좋은 직장에 들어가서 별다른 문제를 일으키지 않으면 해마다 월급이 올라가고 정년 때까지 근무할 수 있는 것은 물론, 정년을 맞아 퇴직하면 그동안 쌓아 두었던 퇴직금을 받아 노후생활을 편안하게 누리는 데 큰 어려움이 없었다. 퇴직금은 근무 기간이 길수록 급격히 더 많아지는 누진제도였기 때문에 정년퇴직금은 여생을 지내는 데 부족하지 않았다.

하지만 외환위기 이후부터 사정은 완전히 달라졌다. '일류대학 입학=좋은 직장=평생 근무'라는 등식이 깨졌다. '이태백'(이십대 태반이 백수)이라는 말이 유행어가 된 지 오래일 정도로 청년 실업이 심각해졌다. 어렵게 좋은 대학에 들어가서 졸업하더라도 하고 싶은 일자리를 찾지 못해 부모들에게 얹혀사는 '캥거루족'이 늘어나고 있다.

게다가 어렵게 직장에 들어가더라도 마음이 편하지 못하다. '삼팔선'(38세에 퇴직)과 '사오정'(45세가 정년)에 이어 '오륙도'(56세까지 직장에 다니면 도둑놈)라는 말까지 나올 정도로 직장의 안정성이 급격히 떨어지고 있다. 정년까지 근무하는 것은 언감생심이고, 언제 직장에서 쫓겨날지 몰라 불안한 나날을 보낸다. 특히 근무연한보다는 업무성과에 따라 급여가 달라지는 연봉제와 성과급제도가 일반화되면서 소득 안정성도 급격히 떨어지고 있다. 게다가 회사를 그만둘 때 받는 퇴직금도 예전과 비교할 경우 거의 받지 못하는 형편이다.

사정이 이렇다 보니 일류대학을 졸업하는 것보다 안정적인 직업을 얻을 수 있는 학과를 선택하는 게 더 중요하게 됐다. 서울대 공대보다는 지방에 있는 의대를 더 선호하고 있다. 일류대학교 상대를 졸업한 뒤에 취직을 포기하고 한의대에 다시 들어가는 학생도 적지 않다. 급여는 좀 적더라도 정년이 보장되며 업무 스트레스가 덜한 공무원의 인기도 날이 갈수록 높아지고 있다. 극심한 취업난이 이 땅의 미래를 짊어질 청소년들의 도전의식을 빼앗아 가고 있다. 무뎌진 도전의식과 적고 길게 살겠다는 현실안주적 사고방식은 한국의 다이내즘을 현저히 떨어뜨리고 있다.

하지만 대학을 졸업하고 사회생활을 시작할 때인 20대 중반에 1억 원이 있다면 어떻게 될까. 직장 잡는 스트레스에서 벗어나 하고 싶은 일을 보다 적극적으로 추진할 수 있다. 하고 싶은 일을 즐거이 하는 것, 그것은 바로 성공인생으로 연결되는 비밀통로다.

이제는 '학교 모범생' 보다 경제적 자유를 누리며 여유로운 삶을 즐길 수 있는 '사회 모범생' 이 더 선호되는 패러다임 시프트Paradigm Shift가 벌어지고 있다. 성공의 법칙이 바뀌면서 자녀들의 경제 및 금융 교육에 대한 관심이 높아지고 있다.

사랑스런 자녀들이 사회생활을 시작하기 전에 1억 원을 만들어 주는 것. 그것은 자녀들이 좋은 대학에 들어가서 하고 싶은 공부를 할 수 있도록 해주는 것에 못지않게 중요한 일이다. 경제적 자유는 배우고 싶은 것을 마음껏 배울 수 있게 해 삶을 풍요롭게 해주기 때문이다.

자 이제부터 우리 아이에게 1억 원을 어떻게 만들어 줄 수 있는지 알아보기 위해 함께 여행을 떠나보자. 이 여행은 자녀에게 1억 원을 만들어 주는 것이 왜 중요한지(1장)와, 어떻게 하면 1억 원을 만들어 줄 수 있는지에 대한 구체적인 실행방법(2장) 및 1억 원을 만들어 주는 것에 그치지 않고 경제적 자유를 얻기 위해 자녀들에게 가르쳐야 할 것이 무엇인지(3장)를 알아보는 방식으로 이루어져 있다.

1장

왜 종자돈 1억인가

하루 빠른 투자가
경제적 자유를 앞당긴다

왜 1억 원이 중요한가

● ● ● ● 사랑스런 자녀가 20대 중반에 사회 생활을 시작할 때 1억 원을 만들어 주는 목표를 향해 나아가기 전에 왜 1억 원이어야 하는지에 대해 먼저 짚고 넘어가자. 왜 5,000만 원이나 2억 원이 아니고 1억이어야 하는가. 자녀 1명을 대학까지 졸업시키는 데 2억 3,000만 원 가량이 든다고 하는데 1억 원은 너무 적은 것 아닌가.

한국 사회에서 1억 원은 여러 가지 의미를 갖고 있다. 우선 1억 원은 부자라는 말의 대명사인 '억만장자'의 출발점이다. 현재에 1억 원은 그다지 큰돈이 아니라고 여겨질 수 있다. 1인당 국민소득이 2

만 달러에 이르러 4인 가족의 가장이라면 평균적으로 매년 8만 달러 (약 7,400만 원)를 벌기 때문이다. 또 연봉이 1억 원을 넘는 사람이 5만 명을 넘어 1억 원의 상대적 가치도 그만큼 줄어든 것도 사실이다.

하지만 1억 원은 보통사람이 구경하기 쉽지 않을 정도로 여전히 큰돈이다. 1억 원을 모으려면 매월 100만 원씩 저축한다고 할 때 8년 이상을 꼬박 모아야 한다. 매월 저축액이 50만 원이라면 약 17년을 계속 모아야 겨우 만져볼 수 있는 돈이다. 자녀를 위한 사교육비와 하늘 높은 줄 모르고 올라 있는 집값을 감안할 경우 매월 50만~100만 원을 저축할 수 있는 가정이 그다지 많지 않다. 1억 원이 갖는 무게감은 여전히 무거운 게 사실이다.

게다가 이 책에서 말하는 1억 원은 자녀가 대학을 졸업하고 사회생활을 시작할 때 이른바 종자돈으로 마련하는 것이기 때문에 더욱 마련하기가 쉽지 않다. 대부분 자녀가 2명이기 때문에 2억 원을 모아야 하는 탓이다. 그다지 많지는 않지만 자녀가 3명 또는 4명인 사람도 있는데, 그런 사람에게는 3억과 4억으로 그 부담은 더욱 커진다.

그러나 시작부터 겁낼 필요는 없다. 엄두가 나지 않아 지금 포기하면 영원히 자녀에게 1억 원을 마련해줄 수 없다. 그러나 '천리 길도 한걸음부터', '시작이 반이다' 라는 생각을 갖고 지금 시작하면 의외로 생각보다 빨리 1억 원을 마련할 수도 있을 것이다.

1억 원은 모으기는 쉽지 않지만 일단 모은 뒤에는 여러 가지가 달라진다. 1억 원이 있으면 자산운용의 기본 전략이 근본적으로 바뀐다. 1억 원을 갖기 전에는 자산운용의 기본원칙은 저축, 즉 종자돈 모으기에 집중될 수밖에 없다. 매월 수십만 원씩 모아 적립식펀드에 가입하거나, 상호저축은행에 적금을 들어 1년 모은 뒤 수백만 ~1,000만 원 정도로 위탁계좌를 만들어 주식투자를 직접 해보는 등의 '답답한' 재테크 전략을 택할 수밖에 없다.

하지만 성과는 눈에 잘 띄지 않는다. 수익률이 조금이라도 좋다는 증권사의 CMA를 쫓아다니고, 틈틈이 증권회사 사이트에 들어가 유망종목으로 추천된 주식을 사고팔아 꽤 괜찮은 수익을 낸 것 같은데 1년이 지나 결산을 해보면 남는 게 거의 없다. 투자금액이 500만 ~1,000만 원일 때 투자를 아주 잘해 1년간 수익률이 100%나 되더라도 1년 뒤 자산은 1,000만~2,000만 원에 머문다. 수익률은 무지 높은데도 원리금 합계는 그다지 늘어나지 않는 것을 보면 허탈해질 때도 적지 않다.

그러나 1억 원이 되면 상황이 크게 바뀐다. 이때부터는 '돈이 돈을 버는' 단계가 시작된다. 주식형 펀드에 넣어 연 15% 수익만 내도 1년 뒤에는 1억 1,500만 원으로 불어난다. 1,000만 원일 때 150% 수익을 내는 것과 늘어나는 액수가 똑같다. 1억 원이 되면 돈을 펀드에 넣어두고 직장생활을 열심히 하거나, 다른 취미생활을 해도 돈이 알아서 돈을 벌어주는 것이다.

이 단계에 들어서면 돈도 결국 숫자라는 것을 뼈저리게 느끼게 된다. 50만 원으로 100% 수익률을 내면 100만 원밖에 되지 않는다. 하지만 1억 원으로 100% 수익을 내면 2억 원이 된다. 원금이 커지면 수익률이 낮아지더라도 수익금은 더 크게 늘어나게 된다.

부자는 계속 더욱 더 부자가 될 확률이 높고, 가난해서 1억 원을 마련하지 못한 사람은 계속 가난할 확률이 높은 것이다. 이런 현실을 인정한다는 것은 매우 고통스러운 일이지만, 인정하지 않을 수 없는 냉혹한 현실이다. 어떻게 해서든지 1억 원을 빨리 만드는 것이 돈이 돈을 낳고 돈도 숫자라는 것을 즐기면서 부자로서의 삶을 살 수 있는 출발점을 마련하는 셈이다.

20대 중반 1억 원이 인생을 바꾼다

● ● ● 1억 원이 있으면 인생이 달라진다. 특히 사회생활을 시작하는 20대 중반에 1억 원을 갖고 출발하는 사람과 아무런 준비도 없이 대학 졸업장 하나만 달랑 갖고 시작하는 사람의 인생은 그야말로 하늘과 땅과 같은 차이를 낼 수 있다.

한국에서 여자는 24세를 전후해 사회생활을 시작한다. 남자는 병역 의무를 마쳐야 하기 때문에 이보다 3년 늦은 27세 전후가 사회생활의 출발점이다. 이때 1억 원이 있으면 무엇이 달라질까.

우선 27세 때 1억 원을 마련한 사람이 사회생활을 시작하면서 1억 원을 55세로 은퇴할 때까지 주식형 펀드에 거치식으로 맡겨 놓았다고 해보자. 이 돈은 그때 얼마로 불어나 있을까. 물론 주식형 펀드의 수익률이 얼마이냐에 따라 달라지겠지만 연 수익률이 15%일 경우에 무려 50억 원이나 된다(복리의 마술은 정말로 위대하다). 연 수익률이 10%라면 14억 원이 좀 넘을 것이지만, 20%라면 165억 원으로 불어난다. 물론 이런 가정은 매년 손실을 입지 않고 평균적으로 10% 또는 15% 또는 20%의 수익을 28년 동안 계속 낼 것이라는 극단적인 가정을 바탕으로 한 것이다. 따라서 현실적으로는 이보다 금액이 적을 가능성이 훨씬 크다. 다만 사회생활을 시작하면서 1억 원이 있어 그것을 주식형 펀드에 넣어 둘 경우 은퇴 후에도 큰 걱정 없이 생활할 수 있는 돈을 마련할 것이라는 점은 확실하다고 할 수 있다.

다음으로 1억 원으로 부동산투자를 하는 경우를 생각해보자. 요즘은 부동산 값이 많이 올라 1억 원으로 투자할 수 있는 부동산이 그다지 많지 않는 게 사실이다. 서울이나 지방 대도시의 중심가에 있는 아파트나 상가에 투자하기에는 턱없이 모자라다.

하지만 1억 원이 있으면 다양한 투자방법을 생각해볼 수 있다. 가장 쉽게 생각할 수 있는 것이 내 집 마련이다. 보통 샐러리맨들이 결혼해서 내 집을 장만하는 데는 9~10년 걸리는 것으로 조사되고 있다. 그것도 주택담보대출을 받아야 하기 때문에 대출의 원리금 상환 부담이 만만치 않다. 1억 원이 있으면 원리금 상환 부담이 그만큼 줄어든다. 게다가 1억 원 때문에 꼭 살고 싶은 지역의 사고 싶은 집을 살 수 없는 경우를 생각한다면 1억 원의 가치는 막대하다고 할 수 있다.

또 서울의 주거지역에 있는 다세대 주택을 전세를 끼고 사두거나, 은행 등에서 대출을 받아 산 뒤 월세를 놓는 것도 그중의 한 방법이다. 대출금리는 연 7~8% 수준이지만 월세는 연 10%를 넘기 때문에 그만큼 차익을 얻을 수 있는데다 부동산 값이 오르면 매매차익도 기대할 수 있다.

게다가 혼자서는 힘들지만 1억 원을 갖고 있는 사람을 몇 명 모으면 5억~10억 원 하는 투자대상에도 손을 댈 수 있다. 이렇게 하면 서울에서 재개발 아파트를 산다거나, 개발이 예정돼 있는 지방에서 산이나 밭 등에도 투자할 수 있는 길이 열린다. 1억 원이 없을 때는 부동산투자를 생각하지도 못하지만, 1억 원을 갖고 있으면 다양한 부동산투자 기회를 활용할 수 있게 되는 것이다.

1억 원이 있으면 소자본 창업도 생각해볼 수 있다. 요즘은 경쟁이 치열해 성공하기 쉽지 않지만, 몇 년 동안 직장생활을 하면서 비즈니스 능력을 키운 뒤에 창업에 나설 경우 성공 확률을 높일 수 있다.

스스로 창업을 하지 않더라도 기업가 정신이 투철하고 비즈니스 능력이 뛰어난 사람이 창업하는 회사에 자본 투자를 할 수도 있다. 1억 원을 한 곳에 투자하는 것은 위험하지만 1,000만 원이나 2,000만 원씩 나눠 투자할 경우 위험을 분산시키면서 투자수익을 극대화할 수 있다. 실제로 2000년 초에 벤처회사에 3,000만 원을 투자했다가 2007년 초에 1억 8,000만 원을 만든 사람도 있다. 7년 만에 6배의 수익을 올린 것이다.

또 공부에 소질이 있어 유학을 꿈꾸는 사람이라면 1억 원으로 충분히 유학을 다녀올 수도 있다. 물론 1억 원만으로 유학에 필요한 모든 경비를 충당할 수는 없다. 하지만 유학가고 싶어도 가지 못하는 것은 처음에 엄두가 나지 않기 때문이다. 1억 원이 있어 일단 유학을 떠나면 장학금이나 아르바이트 등을 통해 충분히 유학을 마칠 수 있다.

1억 원은 이처럼 수많은 가능성을 갖고 있다. 우리의 사랑스런 자녀에게 다양하고 풍요로운 인생을 살 수 있도록 1억 원을 종자돈으로 만들어 주는 것이 얼마나 중요한지를 알 수 있다.

부자 되는 마법의 공식

● ● ● 어떻게 하면 부자가 될 수 있는지를 간결하게 표현하면 아래와 같이 정리할 수 있다. 간결하면서도 알기 쉽게 정리되었기 때문에 이를 부자 되는 마법의 공식이라고 부른다.

> 부자 되는 마법의 공식: 재산=(수입−지출)+자산×수익률

우리 아이가 20대 중반에 종자돈 1억 원을 갖고 출발하는 게 얼마나 중요한 의미를 갖는 것인지는 이 공식을 통해서도 쉽게 이해할 수 있다.

이 공식이 뜻하는 것은 명확하다. 부자가 되려면 ① 수입을 늘리고, ② 지출을 줄이며, ③ 자산운용을 통한 수익을 발생시키는 3가지를 해야 한다는 것이다. 3가지 중 1가지도 실천하지 못하면 부자가 절대로 될 수 없다. 또 3가지 중 1가지만 하면 부자가 되는 데 걸리는 시간이 매우 길 것이다. 2가지를 하면 기간이 단축되고, 3가지를 모두 실천하면 부자 되는 기간을 더욱 단축할 수 있다.

20대 중반에 종자돈 없이 맨손으로 사회생활을 시작해야 하는 아이는 1번과 2번, 두 가지 수단을 통해서만 부자가 되는 길로 나가야 한다. 알기 쉽게 말해, 허리띠를 졸라매는 고달픈 생활밖에 할 수 있는 것이 없다는 얘기다.

반면 이미 종자돈 1억 원을 들고 있는 우리 아이는 부자가 되는 3가지 수단을 모두 활용할 수 있게 되어 다른 아이들보다 더 빨리 부자가 되는 길로 나아간다.

앞서 살펴본 것처럼 종자돈 1억 원이 있으면 선택할 수 있는 투자 수단들이 많이 있다. 종자돈 1억 원을 들고 있는 우리 아이는 사회생활을 시작하는 단계에서 벌써 자산을 어떻게 '운용' 할 것인지를 염두에 두게 된다. 이렇게 되면 허리띠를 졸라매고 절약과 저축에만 골몰하는 다른 아이들에 비해 사회와 경제를 바라보는 시야의 폭,

사고의 폭이 달라질 수밖에 없다. 이러한 차이가 더욱 더 큰 성과의 차이를 가져오게 된다.

부자 공식을 1년간 늘어나는 재산으로 나타내면 다음과 같다.

> 1년간 늘어나는 재산=
> (연간 총수입−연간 총지출)+연간 운용자산×연간 운용수익률

이 공식이 뜻하는 것도 명백하다. 1년 동안 버는 수입이 1년 동안 쓰는 지출보다 많으면 1년 동안 재산은 불어난다. 반대로 수입보다 지출이 많으면 재산을 줄어들게 마련이다. 매월 버는 수입에서 얼마만큼을 쓰고 얼마나 남기느냐, 즉 저축을 하느냐가 부자가 될 수 있는지를 결정하는 것이다. 또 1년 동안 늘어난 재산을 어느 정도의 수익률로 운용하느냐도 중요하다. 운용수익률이 높으면 재산이 늘어나는 속도가 빠를 것이다. 하지만 운용수익률이 낮으면 부자 되는 기간도 길어진다. 부자가 되기 위해선 저축과 함께 투자가 모두 중요하다는 것을 알 수 있다.

'재산=(수입−지출)+자산×수익률' 로 표현되는 부자공식은 부자가 되는 길이 크게 3가지임을 보여준다. 하나는 수입을 늘리고 지출을 줄이는 저축, 즉 자산을 늘리는 것이고, 둘째는 자산운용수익률을 얼마나 높이느냐와 관련된 투자, 즉 모은 자산을 어떻게 불리느냐는 것이며, 셋째는 저축과 투자를 통해 어렵게 모은 재산을 남에

게 빼앗기지 않고 잘 지키는 자산관리이다.

첫째, 자산을 불리기 위해서는 얼마나 많이 버는가도 중요하지만 얼마나 적게 쓰느냐도 무척 중요하다. 한 달에 1,000만 원을 벌고도 950만 원을 쓰면 50만 원밖에 재산을 불릴 수 없는 반면 300만 원을 벌어도 200만 원만 쓰면 100만 원을 불릴 수 있다. 연예인이나 스포츠 스타 중에는 부자인 사람도 있지만 부자가 아닌 사람이 더 많다. 비록 돈을 많이 벌기는 하지만 버는 것에 비례해 많이 쓰기 때문이다. 부자가 된 사람들 가운데는 많이 번 사람도 적지 않지만 상당수는 절약해서 저축함으로써 장기적으로 자산을 불렸다.

둘째, 투자를 잘하는 것은 적게 쓰고 모은 종자돈을 남들보다 빠르게 불려나가는 것이다. 연간 투자수익률이 5%인 사람보다 10%인 사람이 부자 되는 속도가 2배 이상 빠르다. 투자를 잘못해 피땀 흘려 모은 종자돈을 날려버리는 사람도 적지 않다. 투자를 잘못하면 절대로 부자가 될 수 없다. 저축과 투자는 보통 사람을 부자로 이끄는 수레의 두 바퀴라고 할 수 있다.

셋째, 저축과 투자를 통해 모은 자산을 남에게 빼앗기지 않고 지키는 것도 매우 중요하다. 우리 주위에는 어렵게 모은 우리 자산을 빼앗아 가려고 호시탐탐 노리는 적들이 수두룩하다. 우리의 소중한 돈을 이런 적들에게서 어떻게 지킬지는 3장에서 자세하게 살펴보기로 한다.

죽은 돈과 살아 있는 돈

● ● ● 　죽은 돈이란 없어지는 돈이다. 반면 살아 있는 돈이란 시간이 흐를수록 돈을 불려가는 돈을 가리킨다.

　예를 들어 2년 동안 '구두쇠' 노릇을 하며 3,000만 원을 모았다고 해보자. 이 돈으로 자동차를 사면 그 순간부터 3,000만 원은 없어진다. 3,000만 원이 자동차로 모습을 바꾸어 폼은 날 것이다. 친구나 애인 등 주변 사람들에게 새 차를 샀다고 자랑하는 동안 프라이드도 높아질 것이다. 하지만 자동차를 산 그 순간부터 3,000만 원은 아무런 수익도 내지 못하는 죽은 돈이 된다.

　게다가 자동차를 운행하려면 추가로 돈이 더 들어간다. 자동차세를 물어야 하며, 엄청나게 비싸진 휘발유값 때문에 월급의 상당부분은 기름값으로 들어가야 한다. 새 차를 샀다고 자랑했는데 그냥 주차장에 세워둘 수는 없고 매일 차를 끌고 돌아다닐 수밖에 없기 때문이다. 주차비도 만만치 않고 과속 스티커를 떼이면 생각지도 않았던 돈이 더 들어간다. 자동차는 나의 돈을 빼앗아가는 돈 먹는 하마인 것이다.

　반면 이 3,000만 원으로 주식형 펀드에 가입하면 어떻게 될까? 2007년에는 주식시장이 활황세를 보여 주식형 펀드의 수익률이 대부분 50% 안팎을 기록하고 있다. 따라서 3,000만 원은 날마다 조금씩 수익을 붙여 1년마다 1,500만 원에 이르는 보너스를 가져다준다.

물론 주식시황에 따라 수익 규모가 달라질 것이다. 주가가 하락하는 해에는 손해를 볼 수도 있다. 그러나 주가는 일시적으로 떨어질 수는 있어도 5년이나 10년 정도의 장기로 보면 틀림없이 오른다.

'죽은 돈'과 '살아 있는 돈'은 병아리를 키우는 것으로 비유할 수 있다. 어렵게 모은 돈으로 자동차를 사는 것은 병아리를 힘들게 키워 닭이 되었을 때 잡아서 통닭구이를 해 먹는 것과 같다. 병아리를 키우는 노력은 가상했지만, 한순간에 닭을 잡아먹음으로써 그 노력은 한 끼의 배부름으로 끝나고 마는 것이다.

반면 닭을 잡아먹지 않고 계속 키우면서 달걀을 낳게 하고, 낳은 달걀 중 일부만 먹으면서 남은 달걀로 다시 병아리를 부화시켜 키우는 것은 주식형 펀드에 넣어두는 것과 같다. 주가가 떨어져 일시적으로 손해를 보는 것처럼 병아리를 키우면서 일부는 병에 걸려 죽는 안타까운 일이 있겠지만 닭으로 커서 달걀을 낳는 병아리가 훨씬 많기 때문에 시간이 흐를수록 나의 부富는 불어나게 된다.

20대 80으로 유명한 파레토 법칙이라는 게 있다. 이것을 죽은 돈과 살아 있는 돈에 적용해보면 다음과 같이 될 것이다. 보통 사람들은 자기가 갖고 있는 돈의 80%를 죽은 돈에 쓰고 나머지 20%만 살아 있는 돈에 사용한다. 반면 부자들은 20%만 죽은 돈에 쓰고 80%는 살아 있는 돈으로 활용한다. 이 비율이 바뀜에 따라 아주 큰 부자에서 아주 가난한 사람에 이르기까지 아주 다양한 사람들의 스펙트럼이 형성된다.

당대에 큰 부자가 된 사람들은 모두 '죽은 돈'과 '살아 있는 돈'의 차이를 명확히 알고, 죽은 돈을 최소화하는 대신 살아 있는 돈을 최대화하는 삶을 살고 있다. 바로 눈앞에 있는 화려함의 유혹에 빠져 돈을 죽이는 대신 미래를 위해 돈을 살리는 습관을 갖는 것, 그것이 바로 부자가 되는 첫걸음이다. 자녀에게 20대 중반에 1억 원의 종자돈을 만들어 주는 출발점은 바로 죽은 돈과 살아 있는 돈의 차이를 명확히 인식하는 것이다. 그것은 나에게 그치는 것이 아니라 자녀에게도 가르쳐 함께 알고 실천하는 것이 중요하다는 것은 되풀이하지 않아도 명백할 것이다.

가난한 사람은 복권을 사고 부자는 주식을 산다

● ● ● ●   매주 토요일 8시면 많은 사람들이 SBS-TV 앞으로 모여든다. 한 주 동안 팔린 로또복권의 당첨이 있기 때문이다. 매주 수십만 명이 '인생 역전'의 꿈을 안고 로또복권을 사서 이 방송을 뚫어지게 쳐다본다. 그 가운데 한 명이 수십억 원의 당첨금을 받는 행운을 안는다. 또 몇 명은 수천만 원의 복금을 받는 호사를 누린다.

하지만 로또복권을 산 대부분은 자신의 불운을 탓하며 씁쓸하게 TV를 끈다. 이들은 소주잔에 자신의 불운을 날려버리려는 듯 술을 마신다. 그리고 다음주에는 꼭 당첨되기를 빌면서 또 로또복권을 산다. 그러나 다음주도, 그리고 그 다음주도 결과는 마찬가지다. 로또복권에서 1등으로 당첨될 확률이 850만분의 1이다. 이는 번개에 맞아 죽을 확률보다도 낮다. 쉽게 말해 로또복권에 당첨돼 인생을 역전시킬 수 있다는 것은 허황된 꿈이라는 얘기다. 합리적으로 생각한다면 로또복권을 사는 것은 그냥 돈을 버리는 것과 마찬가지다.

'가난한 사람은 복권을 사고 부자는 주식을 산다'는 말이 있다. 가난한 사람은 단기적인 시야로 눈앞의 이익에 혼을 빼앗겨 로또를 사기 때문에 성공하지 못해 계속 가난한 반면, 부자는 장기적 비전을 갖고 주식과 다른 자산에 투자함으로써 성공한다는 뜻이다.

로또복권을 사는 사람들은 일확천금을 얻어 한 번에 부자가 되고자 하는 허황된 꿈을 갖고 있다. 그런 사람들은 로또복권을 사서 돈을 낭비하는 것은 물론 각종 투자설명회에 쫓아다닌다. 이른바 '대박종목(주식)'이나 '대박부동산' 정보를 얻어 순식간에 큰돈을 벌어보겠다는 희망사항이다.

하지만 이런 대박종목이나 대박부동산은 현실에는 없다. 물론 내가 열심히 발품을 팔고 최신 분석기법으로 분석할 경우에 가끔 그런 대박종목을 찾아낼 수 있다. 하지만 남이 어렵게 찾아낸 대박정보를 나에게 공짜로(물론 투자설명회에 참여하는 대가인 수십만 원에) 알려줄 정도로 인심 좋은 사람은 절대로 없다. 정말 그런 정보가 있다면 그 사람이 직접 투자해서 돈을 벌 일이지 왜 생면부지인 나한테 친절하게 알려준다는 말인가?

　복주머니를 사는 사람은 거의 부자가 되지 못한다. 복주머니로 부자 되는 사람은 바로 복주머니를 파는 사람이다. 붕어빵에는 붕어가 없다. 미국의 캘리포니아에서 금광개발 바람이 불어 골드러시 열기가 뜨거웠을 때 돈을 번 사람은 금을 캔 사람이 아니라 청바지를 만들어 판 사람들이었다. 마찬가지로 대박정보를 사는 사람이 돈을 벌 가능성은 거의 없지만 대박정보를 파는 사람은 부자가 될 확률이 매우 높다.

　누가 '당신에게만 이 정보를 알려주는 것'이라고 접근하면 이렇게 대답해보자. '그렇게 좋은 정보가 있으면 내가 연 20%로 돈을 빌려줄 테니 당신이 그 정보를 이용해 100% 수익을 내서 이자를 뺀 80%의 수익을 올려보라'고. 그러면 대박정보라고 얘기하던 그 사람은 틀림없이 뒷걸음질치며 사라질 것이다.

　또 로또복권을 사고 싶을 때는 그 돈으로 복권을 사지 말고 저금통에 넣어라. 매주 1만 원씩 복권을 살 경우 한 달이면 4만 원, 1년이면 52만 원어치나 사게 된다. 이것을 10년 동안 사면 520만 원이다. 어차피 없는 살림에 큰 차이가 없다고 할지도 모른다. 하지만 매월 4만 원씩 적립식펀드에 가입해보자. 연 수익률이 20%라고 할 때 10년 뒤에 이 돈은 약 1,620만 원으로 불어난다. 520만 원을 복권으로 날려 버리지 않고 적립식펀드에 가입했다고 하면 2,000만 원이 넘는 돈을 모을 수 있는 것이다. 연 수익률이 30%로 높아지면 투자 원리금이 2,880만 원으로 불어나고 520만 원을 합하면 3,400만 원이 된다. 무시할 수 없을 정도로 큰돈이다.

물론 연 수익률이 낮아지면 손에 남는 돈은 이보다 훨씬 줄어든다. 하지만 적어도 복권을 샀을 때 없어질 520만 원은 지킬 수 있다. 지금 로또복권을 사느냐 아니면 적립식펀드에 가입하느냐에 따라 10년 뒤, 또는 20년 뒤에 우리 아이의 인생은 크게 바뀐다.

돈의 연령을 육체연령에 맞추자

● ● ●　사람에게는 3가지 나이가 있다고 한다. 하나는 신체적인 연령으로 우리가 해마다 한 살씩 먹는 일반적인 나이를 가리킨다. 다른 하나는 정신적 연령이다. 통상 사람의 정신연령은 신체연령보다 10년 정도 적다고 한다. 한국 남자의 경우 대학을 졸업하고 군대를 다녀와서 사회생활을 시작하는 것이 27세 전후다. 신체나이는 27세이지만 정신연령은 17세 정도 되니까 사회생활을 시작한 지 처음 몇 년 동안은 적응이 쉽지 않은 게 당연할 수 있다. 운 좋게 이런 사정을 감안해주는 상사를 만난다면 초기 적응이 쉬울 것이지만, 그렇지 않은 상사를 만나면 처음 몇 년은 상당히 고전해야 한다.

육체연령이나 정신연령처럼 이전부터 많이 알려진 나이와 달리 최근에는 제3의 연령이 등장하고 있다. 바로 '돈의 연령'이다. 돈에 대한 지식을 갖고 돈에 대해 나름대로의 판단을 내릴 수 있는 나이를 가리킨다.

일반적으로 사람들은 사회생활을 시작하면서 돈의 연령을 먹기 시작한다. 27세에 비로소 사회인이 된다. 사회에 첫발을 들여놓을 때 정신연령은 17세이며 돈의 연령은 0세인 셈이다. 육체연령과 돈의 연령 사이에는 무려 27년이란 차이가 있는 것이다.

물론 어렸을 때부터 돈의 연령을 시작하는 사람이 있다. 부모님이 가난해서 어쩔 수 없이 일찍부터 아르바이트를 해야 하고(그저 경험을 위해서 하는 아르바이트가 아니라 생활비를 벌기 위해 어쩔 수 없이 해야 한다는 점에서 아르바이트라기보다 생업에 가깝다), 대학교를 다니지 못하고 취직하는 사람이 그런 사람들이다. 또 부모님이 경제적으로 여유가 있지만, 자녀의 사회교육을 위해 의도적으로 돈의 연령을 먹도록 하는 경우도 있다. 3장에서 자세하게 설명할 미국의 '콜드 콜 Cold Call' 도 그런 예의 하나다.

반면 '캥거루족' 이라는 말이 유행할 정도로 육체연령은 40에 가깝지만 돈의 연령은 여전히 한자리수에 머무는 사람도 있다. 사회에 나가 치열한 경쟁에 부딪치면서 돈을 버는 것을 두려워해 취직을 하지 않고, 나아가 결혼해서도 생활비를 부모에게 의지하는 사람들이다.

성공하고 부자인 사람들은 이런 3가지 나이가 균형을 이루도록 노력한다. 세계에서 두 번째 부자인 워렌 버핏은 다음과 같이 말한적이 있다. "나는 여섯 살 때부터 할아버지가 경영하는 가게에서 껌이나 콜라를 사서 그것을 근처에서 팔았다. 그렇게 모은 돈으로 열한 살 때 주식을 샀다. 열네 살 때는 부동산에도 투자했다."

부자가 되어 경제적 자유를 얻은 사람들은 돈의 연령이 높은 사람들이다. 27세 때 돈의 연령이 0세인 사람과 5세 때부터 돈의 나이를 먹기 시작한 사람의 인생이 다르다는 것은 불문가지일 것이다. 우리 아이에게 언제부터 돈의 나이를 먹게 할 것인가. 그것은 바로 부모의 선택이며 의무이다. 하루 빠르면 우리 아이에게 1억 원을 만들어주고 경제적 자유를 누릴 수 있도록 하는 것도 그만큼 빨라진다.

슈워제네거의 성공법칙

● ● ● 미국의 캘리포니아 주지사인 아널드 슈워제네거는 오스트리아에서 태어나 21살이던 1968년에 미국으로 이민 간 사람이다. 미국에 도착했을 때 그에게는 단돈 20달러밖에 없었다. "저는 가진 것 하나 없이 캘리포니아에 도착했습니다. 오직 희망과 운동가방 그리고 20달러를 손에 쥐고 있었습니다."

하지만 그는 보디빌더와 영화배우로 성공했을 뿐만 아니라 정치적으로도 화려하게 데뷔했다. 미국에 처음 도착했을 때 그는 영어도 제대로 할 줄 모르고 돈도 없었다. 그는 보디빌더로 활동할 때 할리우드의 유명한 배우가 되겠다는 꿈을 버리지 않았다. 결국 〈코난-바바리안〉이나 〈터미네이터〉 시리즈로 스타덤에 올랐다. 게다가 정치에 입문에 캘리포니아 주지사로 당선됐다. 이제는 미국 대통령에도 도전할 것이라는 전망이 나올 정도로 대단한 인기를 누리고 있다.

슈워제네거는 부자다. 물론 할리우드 스타인데다 주지사를 지내고 있으니 당연히 부자일 것이라고 생각할 것이다. 하지만 그가 돈을 모은 것은 영화배우로서 이름을 날리기 전의 일이라는 것은 잘 알려져 있지 않다.

슈워제네거는 보디빌더로 활동하면서도 미래를 위한 종자돈을 마련하기 위해 굴뚝이나 벽난로 등을 만드는 벽돌 공사 사업을 함께 했다. 요즘 유행하는 말로 투잡을 가진 것이다. 그는 당시 미국에서 가장 권위가 있었던 보디빌딩 대회인 미스터 올림피아에서 1970년에 처음으로 우승한 뒤 6년 연속 우승했다. 이것을 비즈니스로 연결한 것이 바로 보디빌딩 훈련방법과 훈련도구를 우편을 통해 파는 통신판매였다. 그는 이렇게 번 돈으로 담보물의 시가와 대출금의 차액을 이용하는 방식으로 부동산투자에 나섰다. 산타모니카나 서부 로스앤젤레스 지역의 작은 집을 사서 임대해주고 작은 집이 여러 개 모이면 그것을 팔아 아파트나 오피스 빌딩을 사는 방식으로 영화배우로 이름을 날리기 전에 이미 백만장자의 반열에 올랐다.

슈워제네거의 2007년 현재 재산은 8억~9억 달러(약 7,400억~8,300억 원)에 이를 것으로 추정되고 있다. 2006년 주지사 선거를

앞두고 공개된 그의 2004년 수입은 투자수익 1,530만 달러, 영화출연 DVD판매 등의 수입 420만 달러 등 총 1,950만 달러(약 185억 원)였다. 할리우드 스타로서 버는 수입보다는 투자에서 얻는 수익이 3.6배나 많았다. 미국으로 이민간 지 불과 40년도 못돼 빌리언에어 Billionaire(재산이 10억 달러, 약 9,200억 원인 부자)로 탈바꿈한 것이다. 그것도 캘리포니아 주지사 월급을 단 한 푼도 안 받으면서 말이다.

슈워제네거가 이처럼 짧은 기간에 엄청난 부자가 된 것은 뼈를 깎는 자기훈련 덕분이었다. 그는 보디빌더로서 성공하기 위해 하루도 빠짐없이 근육강화 훈련을 했다. 또 '수입－지출＝재산' 이라는 부자의 공식에 따라 수입을 늘리고 지출은 줄이는 데 최선을 다했다. 투잡을 하면서 수입을 늘렸고, 돈이 되지 않는다고 여겨졌던 보디빌딩을 통신판매로 연결시켜 수입을 늘렸으며, 부동산투자를 통해 수익을 최대화한 것이다. 그는 '죽은 돈' 과 '살아 있는 돈' 의 차이를 분명히 알았던 것이다.

가난과 부유는 마음가짐에 달려 있다. 프랑스의 사상가인 몽테뉴가 "부는 권세 및 건강과 마찬가지다. 그것을 가진 사람이 느끼는 아름다움과 기쁨은 어떤 마음가짐을 갖느냐에 따라 다르다. 사람은 마음가짐에 따라 행복하기도 하고 불행하기도 하다."고 갈파한 것처럼 슈워제네거는 자신이 처한 상황을 절망으로 받아들이지 않고 성공의 터전으로 삼았다.

 우리 아이 종자돈 1억 만들기

똑똑한 부모가
성공한 아이를 키운다

배움의 한과 배고픔의 한

● ● ●　한국 부모의 교육열은 유명하다. 외국사람 눈에는 '치맛바람'이 가끔 부정적 이미지로 비춰지지만 한국 사람에게 치맛바람은 당연히 해야 할 의무 중 하나로 받아들여진다. 부모가 배우지 못했던 한을 풀기 위해 어떠한 희생을 치르더라도 자녀들의 교육만은 자녀가 원하는 대로 해주려고 한다. 아니, 경우에 따라서 자녀가 원하지도 않는데, 부모들의 희망사항을 자녀를 통해 대신 실현하고픈 희망에 따라 자녀에게 교육을 강요하기도 한다.

한국의 교육열은 이렇다 할 부존자원이 거의 없는 한국이 세계 12대 경제대국으로 발돋움하는 데 결정적으로 기여했다. 높은 교육열

덕분에 값싸고 양질의 노동력을 풍부하게 공급할 수 있었고, 그것을 바탕으로 제조업을 일으켜 수출입국의 길을 텄기 때문이다. 일부 부작용이 없는 것은 아니지만, 교육열은 한국 발전의 원동력 중 하나임에 틀림없다.

한국 부모에게는 배우지 못한 한과 함께 제대로 먹지 못한 배고픔의 한도 있다. 지금은 보릿고개라는 말조차 없어졌지만 1970년대 초까지만 하더라도 많은 사람들은 먹을 것이 없어 굶어야 했다. 가을에 추수한 쌀이 떨어지고, 보리는 아직 익지 않아 먹을 것이 떨어지는 4월부터 5월에, 풀뿌리와 나무껍질(초근목피草根木皮)로 목숨을 연명해야 했던 고통을 겪어야 했다. 배고픔의 한은 '잘 살아 보자'는 경제자립열로 승화되어 경제발전을 이끄는 원동력으로 작용했다.

다만 아쉬운 것은 교육열과 경제자립열은 매우 높았지만, 자녀들에게 제대로 된 금융 및 자산운용 교육은 제대로 하지 않고 있다는 점이다.

'열심히 학교 공부를 해서 좋은 대학교에 입학해 졸업한 것이 전부'라는 식으로 '공부제일주의'에 따라 자녀를 키움으로써, 스스로 자신의 경제 인생을 꾸려나갈 수 없게 만들고 말았다. 아이들이 돈 버는 것에 관심을 보이면 "학생이 무슨 돈에 관심을 갖느냐. 지금은 공부하는 게 훨씬 더 중요하다. 돈 버는 일은 대학을 졸업한 뒤에 해도 늦지 않다."고 핀잔을 주기 일쑤다.

학교 공부를 열심히 해서 좋은 대학을 졸업한 '학교 모범생'이 경제적으로 풍요롭게 사는 '사회 모범생'으로 연결되지 못한 것은 어찌 보면 과거 패러다임에서 귀결된 비극인 셈이다.

물고기보다 물고기 잡는 법

● ● ● 아이들이 설날에 세뱃돈으로 평소보다 많은 돈을 받았다고 해보자. 예를 들어 초등학교 4학년(11세) 학생이 10만 원을 세뱃돈으로 받았다면 그 돈을 어떻게 쓰도록 할까. 10만 원을 쓸 선택의 대안은 여러 가지가 있다. 피자헛이나 아웃백 같은 패밀리 레스토랑에 가서 외식을 한다거나, 컴퓨터게임 프로그램을 산다거나, 에버랜드나 롯데월드에 가서 노는 것은 초등학생이라면 매우 하고 싶어 하는 일이다.

아니면 은행에 가서 정기예금에 들거나 증권회사에 가서 펀드에 가입하는 것도 고려할 수 있다. 먼 훗날을 문화적인 생활을 위해 피아노학원 수강증을 끊거나 건강을 위해 태권도 도장에 등록할 수도 있다. 영어학원에 나가는 수강증을 끊을 수도 있다. 물론 학원에 다니거나 태권도를 배우는 것은 한 달에 되지 않고 계속해야 하기 때문에 부모들의 뒷바라지가 필요하다. 다만 10만 원을 어떻게 쓸지를 아이들에게 전적으로 맡기지만 말고 아이들과 대화를 해서 최선의 방법을 찾아보라는 뜻에서 하는 말이다.

10만 원이라면 초등학생에게는 결코 적은 돈이 아니다. 이 돈을 어떻게 쓰느냐에 따라 이 초등학생의 인생이 많이 바뀔 것이다. '공돈이 생겼다'고 해서 그냥 패밀리 레스토랑에 가서 써 버리는 것은 그다지 도움이 되지 않는다. 놀이공원에 가서 노는 것도 마찬가지다. 피자나 스테이크를 먹을 때나 바이킹을 탈 때 한순간의 즐거움을 만끽할 수는 있다. 하지만 그것은 그 순간으로 끝나고 10만 원은 바람과 함께 사라진다.

이는 2가지 아쉬운 점을 갖고 있다. 하나는 '돈은 벌기 쉬운 것'이라는 잘못된 인식을 갖게 하는 것이다. 다른 하나는 제대로 관리하지 못해 얻은 것을 올바르게 지키지 못하는 잘못을 저지르는 것이다.

하지만 은행이나 증권회사에 가서 정기예금이나 펀드 계좌를 만드는 것은 다르다. 은행이나 증권회사 영업점에 가는 것 자체만으로도 돈에 대한 관심을 불러일으킬 수 있다. 또 예금과 펀드를 놓고 고르는 사이에 은행과 증권사의 차이를 배울 수 있고 금리나 수익률에 대해서도 공부할 수 있다. 지금 피자 먹는 즐거움을 참고 견디면 10만 원이 1년 뒤에 10만 5,000원(정기예금에 맡겼을 때)이나 15만 원(펀드 수익률이 50%일 경우)으로 불어난다는 사실에서 참고 견디는 소중함을 알 수 있다.

매년 받는 세뱃돈을 어떻게 쓰게 하느냐에 따라 우리 아이의 앞날이 크게 바뀔 수 있다. 그저 귀엽다고 해서 아이에게 맡겨 놓는 것은 그 아이의 20년, 30년 뒤의 인생을 나쁘게 만들 수도 있다는 것을 한

시라도 잊어서는 안 된다.

배고픈 아이에게 물고기를 한 마리 주면 한 끼를 해결할 수 있다. 하지만 배고픔을 근본적으로 해결하지 못한다. 아이가 진정으로 배고픔의 고통에서 벗어나기를 원한다면 그에게 고기 잡는 법을 가르쳐 줘야 한다.

물고기를 한 마리 주는 것은 거지에게 푼돈을 쥐어 주는 것처럼 의존심을 키워줄 뿐이어서 가난의 악순환에서 벗어날 수 없게 만든다. 거지에게 한 푼 주는 것도 사랑의 실천이라고 할 수 있다. 하지만 거지가 거지생활을 청산할 수 있도록 자극을 부여하는 것이 훨씬 더 소중하다.

사자와 독수리처럼 강하게 길러라

● ● ●　　사자가 날 때부터 동물의 왕자인 것은 아니다. 출생 직후의 사자 새끼는 어미 사자의 보살핌이 없으면 초원의 사냥꾼인 하이에나의 먹이가 되고 만다. 어미는 새끼가 동물의 왕자로 클 수 있도록 혹독하게 교육시킨다.

날짐승의 제왕인 독수리도 부화됐을 때부터 강한 것은 아니다. 독수리 새끼는 부화된 뒤 한참 동안 나는 방법조차 모른다. 절벽 꼭대기에 둥지를 튼 어미 독수리는 새끼가 어느 정도 컸을 때 둥지를 스스로 파괴한다. 그리고 새끼를 절벽 아래로 떨어뜨린다. 날지 못하는 새끼가 땅에 떨어지기 직전에 받아 올리기를 몇 번 반복하는 동안에 새끼는 스스로 날지 않으면 죽는다는 것을 깨닫고 처절하게 나는 방법을 터득하게 된다. 그리고 나서 새끼는 어미 곁을 떠나 독립해서 날짐승의 제왕으로 평생을 살아간다. 물론 그 과정을 이겨내지 못한 새끼는 땅에 떨어져 죽는 수밖에 없다.

만물의 영장인 사람도 마찬가지다. 어머니 뱃속에서 10개월 있다가 태어난 아기는 그 어느 동물의 새끼보다 약하다. 스스로 젖을 찾을 힘도 없으며, 추위와 더위로부터 자신을 지킬 수도 없다. 손에 든 것 하나도 없이 핏덩이로 이 세상에 던져진다. 하지만 어머니의 극진한 사랑과 보살핌을 받으면서 육체적으로 성장해 간다.

그러나 사람은 신체 건강한 것만으로는 사회생활을 제대로 살아가기 어렵다. 정신적 독립을 위한 기초도 튼튼하게 갖춰야 한다. 나이를 먹으면서 독립된 인격체로 살아갈 수 있는 지식과 지혜를 얻어야 한다.

아이가 물을 무서워한다고 해서 수영을 가르치지 않는 것은 부모가 응당 해야 할 일을 방기放棄하는 것이다. 피아노나 바이올린 같은 악기를 배우도록 하거나, 영어나 중국어 같은 외국어를 교육시키거나, 태권도나 축구 같은 운동을 가르칠 때도 마찬가지다. 배움의 과정에서 몇 번씩 찾아오는 고비를 잘 넘길 수 있도록 부모들이 옆에서 때로는 강하게, 때로는 지혜롭게 도와주는 게 중요하다. 어렵다고 해서 포기하면 험난한 인생을 책임지고 자유롭게 살 수 있는 성인으로 키우는 것은 불가능하다.

3장에서 자세히 설명할 금융 지능IQ과 금융 감성EQ을 혹독하게 가르치는 게 중요하다. 부자가 된 사람들은 어렸을 때부터 돈의 가치와 돈 버는 방법을 정확하게 가르쳐 준 부모에게 고마워한다. 가난한 시절을 보낸 사람은 가난한 상황에서의 돈에 대한 가치와 돈버는 방법을, 부유한 가정에서 태어난 사람은 그에 맞는 가치와 방법에 대해 배웠다.

그것을 배우지 못한 사람은 비록 부자의 자녀로 태어나 많은 돈을 물려받을지라도 얼마 가지 않아 상속받은 돈을 모두 탕진하고 가난하고 실패한 인생을 산다. 물려받을 게 없었던 사람들도 가난한 부모를 원망하면서 스스로도 가난한 삶을 되풀이 한다.

용장勇將 밑에 약졸 없고, 졸장 밑에 강병强兵 없다. 마찬가지로 지혜롭고 강한 부모 밑에 똑똑하고 돈 잘 버는 자녀가 있고, 지혜롭지 못한 부모 밑에는 스스로 인생을 풍요롭게 살지 못하는 아이가 있는 법이다. 자녀가 공부를 잘 안하고 돈 씀씀이에도 절제가 없다고 한탄하는 사람은 자신이 자녀를 어떻게 키우고 있는지를 되돌아보는 게 급선무다. 아이는 자기 부모를 보고 배우며 크기 때문이다.

어릴 때 경험이 평생을 좌우

● ● ● 　20세기 최고의 경영자 중 한 사람으로 불리는 잭 웰치 GE 전 회장은 어린 시절에 여러 가지 아르바이트를 했다. 다양한 아르바이트를 하면서 의존적이던 성격은 자립적으로 바뀌었고 세상을 살아가는 지혜도 터득했다고 한다. 그는 골프장에서 경기 도우미인 캐디 일도 했다.

"캐디 일은 약간의 돈을 벌게 해준 것에 더해 게임을 배울 수 있는 기회를 주었다. 골프를 치는 성공한 사람들과 실패한 사람들을 통해 사람이 얼마나 멋있을 수 있으며, 반면에 매우 어리석을 수 있는지를 보고 배웠다."

그는 신발을 위탁 판매하기도 했다. "보통 신발 한 켤레를 팔면 7센트를 받았다. 만일 흰색 바탕에 자주색 구두코가 날개 모양을 한 터키 신발을 팔면 25센트에서 50센트를 받을 수 있었다. 나는 항상 그 신발을 갖고 냄새나는 발에 신겨 주며, "정말 잘 어울리는데요."라고 말했다. 어린 나이에 벌써 25센트를 더 받기 위해 그런 말을 한 것이다."(《잭 웰치, 끝없는 도전과 용기》중에서)

의사나 법률가 집안이 있다. 자녀들이 부모와 비슷한 전문직을 갖는 이유는 크게 두 가지다. 하나는 아이들이 그 직업과 관련된 일을 가장 많이 봐서 친숙함을 느낀다는 것이다. 다른 하나는 아버지나 어머니가 그 직업을 갖고 있기 때문에 별로 어렵지 않은 일로 여겨 쉽게 도전할 수 있다는 사실이다.

'부자가 되는 것은 부자로 사는 습관을 익히는 것'이라는 말은 이 래서 나온다. 부자 습관 가운데 중요한 것 중의 하나가 바로 소비습 관이다. 소비습관이 부자 되는 첫걸음이다. 돈을 버는 것이 공격이 라면 과소비하지 않으면서 적절하고 현명하게 돈을 쓰는 것은 부자 가 되기 위한 수비라고 할 수 있다. 경기에서 이기려면 공격은 물론 수비도 잘 해야 한다. 아무리 공격이 뛰어나더라도 수비가 흔들리면 게임에서 이기기 쉽지 않다. 수비가 뛰어나면 공격이 부족하더라도 비기기는 할지언정 패하지는 않는다. 하지만 수비가 흔들리면 웬만 한 공격력을 갖추지 못하면 게임에서 진다.

한국에서도 번역 출판돼 베스트셀러가 된 《이웃집 백만장자》에는 연구자들이 겪은 다음과 같은 일화가 소개되어 있다.

연구자들은 부유층에 대한 연구를 하기로 하고 백만장자들이 '익 숙하고 편안한 분위기'에서 인터뷰할 수 있도록 고급 주택을 빌리고 최고급 요리사도 고용했다. 고급 와인과 캐비아(상어 알) 등도 준비 하는 등 나름대로 '이상적인 메뉴'를 갖추고 백만장자를 기다렸다.

제일 먼저 도착한 '버드'라는 별명의 백만장자에게 "1970년산 보 르도 와인을 한잔 하시겠습니까?"라고 묻자 그는 당황한 얼굴로 말 했다. "저는 스카치위스키와 두 종류의 맥주만 마십니다. 공짜 맥주 와 버드와이저지요."

연구자들은 오랜 연구 끝에 마침내 부자를 묘사하는 세 개의 단어를 이렇게 요약했다.

'절약, 절약, 또 절약.'

사실 부자가 되는 지름길은 절약하는 길이다. 요즘 같은 저금리에 연봉 5,000만 원 정도 받는 것은 은행에 예금을 10억 원 갖고 있는 것과 비슷하다. 하지만 실제로 10억 원을 갖고 있는 사람은 그다지 많지 않다. 1억 원을 가진 사람도 드문 편이다. 1억 원의 예금에서 받는 이자는 이자소득세를 제외할 경우 300만 원을 약간 넘을 뿐이다. 1년에 300만 원을 벌기가 이렇게 쉽지 않은 것이다. 하지만 우리가 씀씀이에 조금만 신경 쓰면 300만 원 덜 쓰기는 그다지 어렵지 않다. 벌기보다 덜 쓰고 모으는 게 부자에 한발 더 가까워질 수 있는 셈이다.

부자가 되는 3가지 방법

부자가 되는 길은 크게 3가지가 있다. 부자 부모를 만나 상속을 많이 받는 것이 하나고, 부자 배우자를 만나는 것이 두 번째이며, 투자를 잘 하는 것이 세 번째이다.

그런데 부자가 된 사람에게는 이 3가지가 아주 간단한 일이지만, 대부분의 사람들에게는 매우 어려운 일이다. 우선 부자 부모를 만나 부자가 되는 방법은 우리가 의지로 할 수 없는 일이다. 내가 어느 집에 태어날지는 나의 희망대로 정해지는 것이 아니다. 운명에 맡길 수밖에 없는 영역이다. 게다가 부자 부모를 만나 부자가 되는 것은 쉬우면서도 어렵다. 부자 부모를 만나 재산을 많이 상속받으면 쉽게 부자가 될 수는 있다. 하지만 돈 버는 방법과 재산을 어떻게 관리하는지에 대한 가르침을 함께 받지 않은 채 재산만 물려받으면 부자로 유지하기가 쉽지 않다. '부자는 3대를 가지 못 한다' 는 속담은 말할 것도 없이, 이른바 '재벌 2세들' 이 물려받은 재산을 늘리기는커녕 당대에 모두 날려버린 사례에서 이는 충분히 알 수 있다.

그리하여 똑똑한 부자 부모들은 자녀에게 무작정 큰돈을 물려주지 않는다. 현재 세계에서 가장 큰 부자인 빌 게이츠는 자녀들에게 1,000만 달러(약 94억 원)만 물려줄 것이라고 밝혔다. 그가 갖고 있는 재산 약 560억 달러(약 53조 원)의 0.02%에 불과하다.

부자 배우자를 만나 부자가 되는 것도 쉬운 일이 아니다. 가끔 '신데렐라 신화' 가 현실이 되는 사람을 찾아볼 수 있다. 재벌가의 사위로 들어가 내로라하는 대기업의 경영자로 활약하는 사람들도 적지 않은 것도 사실이다. 그러나 그런 신화의 주인공이 되는 사람들은 극히 일부분에 지나지 않는다.

세 번째는 자신의 노력 여하에 따라 확실히 성공이 보장되는 방법이다. 앞의 2가지 방법은 내 의지로 하기 어렵다는 점에서 어쩌면 운이나 운명이 많이 작용하지만, 세 번째 방법은 스스로에게 좌우된다는 점에서 보통사람도 도전해볼 만한 방법이다.

우리 주위에는 세 번째 방법을 통해 경제적 자유를 얻은 사람이 수없이 많다. 주식투자를 잘해 수십억 내지 수백억 원을 벌어 자유롭게 사는 PI(개인투자자)가 적지 않다. 남들에게는 투기꾼처럼 보일지 모르지만 부동산투자를 귀신같이 해 월급만으로도 중상류층 이상의 생활을 누리는 사람도 적지 않다. 또 자신의 독특한 아이디어를 갖고 과감하게 창업함으로써 1,000억 원 이상의 갑부가 된 사람을 찾는 것도 그다지 어려운 일이 아니다.

이 책의 주제인 '우리 아이 1억 원 만들어 주기'도 바로 이 세 번째 방법에 따른 것이다.

부모의 습관이 아이의 성공을 좌우한다

● ● ● 부는 세대를 거쳐 세습된다. 미국의 민간 싱크탱크인 전미경제연구소가 2002년에 부모와 자녀 1,491쌍을 대상으로 조사한 '세대간 부의 상관관계'에 따르면 부모와 자녀의 부유함의 상관관계는 약 37%였다. 예를 들어 A라는 부모가 B라는 부모보다 2배(100%) 잘 살았다면 A의 자녀도 B의 자녀보다 37%(100%×0.37) 정도 더 잘 산다는 것이다.

이 조사를 했던 연구진은 '부모와 자녀의 재산 분배 성향이 비슷했기 때문'이라고 해석했다. 자녀는 부모의 투자나 저축 패턴과 비숫한 양상을 보였고 위험에 대비하는 것도 비슷했기 때문에 상관관계가 높았다는 것이다.

즉 아이들은 부모를 보고 배운 것이다. 부모가 자녀에게 미치는 영향 가운데 '적극적인 의도'로 이뤄지는 것은 그다지 많지 않다. 오히려 부모가 의식하지 못한 채 하는 행동들을 아이들이 '가르침'으로 여기는 경우가 더 많다. 하지만 부모들은 이런 사실을 심각하게 받아들이지 않는다.

부모의 습관이 아이의 성공을 좌우한다. 계약은 약속이며 약속은 꼭 지켜야 한다는 것을 부모가 몸소 보여줘야 한다. 학교 계획을 세우도록 하고, 그것을 지키도록 해라. 그것을 지킬 경우 어떻게 해주겠다는 약속을 하면 꼭 지켜라. 하지만 대부분의 부모들은 너무 쉽게 아이들과 약속을 하고 너무 쉽게 약속을 지키지 않는다. 그렇기 때문에 아이들의 신뢰를 잃게 되고 부모와 자녀 관계가 서먹서먹해진다.

용돈은 계약이다. 용돈을 주는 것은 아이의 돈 관리 능력을 길러주어 현명한 경제시민을 만드는 것이다. 계약에는 용돈 지급일과 금액, 용돈 인상일, 용돈 가불 등에 관한 규칙은 물론 용돈을 지급해야 할 항목 등이 명시돼야 한다. 계약을 맺어 용돈을 지급하기로 했으면 외출할 때 자녀가 필요한 것은 자녀가 지출하도록 하는 게 바람직하다. 아이에게 그냥 사주면 아이는 늘 부모나 누군가가 자기 몫을 지급해준다는 생각을 가짐으로써 의존적 성향을 갖게 될 위험이 있다.

솔개의 거듭나기를 위한 피눈물 나는 노력은 아이들의 경제교육에도 시사하는 것이 많다. 솔개의 수명은 40년이라고 한다. 태어난 지 40년이 가까워지면 솔개는 깃털이 빠지고 부리와 발톱도 무디어져 사냥을 할 수 없게 된다. 그러면 솔개는 고통스런 선택을 해야 한다. 그냥 무디어진 발톱과 부리 및 힘이 빠진 깃털을 갖고 죽음을 맞이하느냐, 아니면 새롭게 거듭나 30년은 더 사느냐는 선택이다.

더 살기로 선택한 솔개는 높은 산으로 날아가 둥지를 틀고 반년에 걸친 자기와의 싸움을 시작한다. 먼저 자기 부리를 돌이나 나무에 부딪쳐 빠지게 한 뒤 새 부리가 나기를 기다린다. 부리가 새로 나면 그 부리로 무디어진 발톱을 쪼아 하나씩 뽑아낸다. 또 깃털도 뽑아 새롭게 돋아나도록 한다. 이런 고통을 통해서만 솔개는 30년을 더 살 수 있게 된다.

아이에게 경제교육을 하고 부자로 살 수 있도록 하는 과정도 이런 고통이 필요하다. 영어에 '스트리트 스마트*street smart*' 또는 '스트리트 와이즈*street wise*'라는 말이 있다. 머리가 좋다는 뜻이다. 이 말은 일류학교를 나오고 성적도 우수한 학자처럼 머리가 좋은 게 아니라 학교 공부는 잘하지 못하지만 사회 경험을 쌓고 인생의 거센 파도를 넘어갈 수 있는 현명함을 갖추었다는 의미에서 머리가 좋다는 뜻이다. 솔개의 거듭나기 노력은 바로 스트리트 스마트를 높이는 과정이라고 할 수 있다.

우리 아이 부자 만들기는 부모 하기 나름

● ● ● 온달은 평강공주를 만나지 못했더라면 평생 바보로 살았을 것이다. 하지만 평강공주의 말 한마디는 바보를 훌륭한 장군으로 만들었다. "온달님은 성실하고 힘이 좋으니까 노력하면 틀림없이 장군이 될 수 있을 거예요." 평강공주의 이 한마디로 온달은 낮에는 활쏘기와 칼 쓰기를 익혔고, 밤에는 책을 부지런히 읽었다.

〈사랑한다는 말을 하려고 전화를 걸었다 I just called to say I love you〉라는 곡을 세계적으로 히트시킨 스티비 원더도 어린 시절엔 한낱 눈먼 흑인 소년에 불과했다. 하지만 "넌 우리 반의 어떤 친구도 갖지 못한 능력을 갖고 있어. 네겐 특별한 귀가 있잖니."라는 담임선생님의 말 한마디가 원더의 인생을 완전히 바꿔 놓았다.

바보 온달과 스티비 원더의 사례는 피그말리온 효과 Pygmalion Effect가 실제로 실현된다는 것을 잘 보여준다. 그리스 시대에 시프루스 섬에 살았던 피그말리온은 뛰어난 조각가였지만 여성을 혐오하는 사람이었다. 그는 아무리 아름다운 여성일지라도 조금씩 부족함이 발견되는 것을 못마땅하며 결혼하지 않기로 작심했다. 하지만 그는 그가 만든 완벽한 조각여인인 갈라티 Galatea를 사랑하게 된다. 그는 비너스 신에게 갈라티에게 생명을 불어넣으면 결혼하겠다고 애절하게 기도한다. 그의 기도에 감동한 비너스 신은 조각여인에게 생명을 불어넣어 주었고 피그말리온은 그녀와 결혼했다.

미국의 저명한 심리학자인 로버트 로젠탈Robert Rosenthal은 이런 피그말리온 사례를 활용해 기대는 '자기실현적 예언self-fulfilling prophecy' 이 된다는 이론을 만들었다. 우리가 다른 사람을 어떻게 바라보고 판단하느냐에 따라 그 사람의 행위가 달라진다는 것이다.

자녀에게 1억 원이라는 목돈을 마련해주고 부자로 키우느냐의 여부는 바로 부모에게 달려 있다. '어떻게 우리 아이에게 1억 원이란 큰돈을 만들어 주고 어떻게 우리 아이가 부자가 될 수 있겠느냐' 는 부정적 생각을 가진 부모라면 틀림없이 아이에게 그런 기회를 만들어 주지 못한다. 하지만 '지금 상황이 어렵더라도 꼭 우리 아이가 사회생활을 시작할 때이면 1억 원을 만들어 주어 평생을 부자로 살 수 있도록 하겠다' 는 긍정적 생각과 각오를 가진 부모라면 그런 꿈을 현실로 만들어 줄 수 있다.

뜻이 있는 곳에 길이 있고, 두드리면 문은 열린다. 문이 닫혀 있다고 지레 포기하거나 길이 없다고 주저앉는 사람은 절대로 앞으로 나아갈 수 없다.

1억 만들기, 첫걸음이 중요하다

● ● ● 　1% 성공의 법칙이라는 게 있다. 100

명이 강의를 듣는다고 할 때 1%인 1명만이 강사의 말을 듣고 지속적으로 실천함으로써 성공한다는 것을 가리킨다.

왜 1%만이 성공할까. 강의를 듣는 사람 중 80% 정도만이 강의 내용을 듣고 나머지는 딴짓을 한다. 강의를 듣는 사람 중 절반(즉 전체의 40%)만이 강의 내용에 대해 동감을 표시한다. 동의를 나타낸 사람 중 10%(즉 전체의 4%)만이 동감한 내용을 한번 정도 실천에 옮긴다. 그중 절반(전체의 2%)은 3일 정도까지 실천하고 포기한다. 그중 절반, 즉 전체의 1%만이 지속적으로 실천에 옮긴다는 것이다.

좀 과장으로 여겨질 수 있는 이 말은 실천이 매우 중요하지만, 실제로 행동으로 옮기는 것이 매우 어렵다는 것을 보여준다. '보석이서 말이라도 꿰어야 보배'이듯 머리로 아는 것만으로는 부족하다. 머리로 안 뒤에 가슴으로 느끼고 손과 발로 움직여야 비로소 내 것이 되며 구체적인 성과로 나타난다.

누구나 흡연이 건강에 좋지 않다는 사실을 알고 있다. 하지만 실제로 담배를 끊는 사람은 그다지 많지 않다. 또 조깅이 건강에 좋다는 것을 알고 새해 초에는 조깅하겠다고 결심하는 사람이 많지만 대부분 작심삼일로 끝난다.

'우리 아이 1억 만들기'도 첫발을 떼는 게 중요하다. 오늘 당장 내 아이가 27세(딸일 경우엔 24세) 때 1억 원을 만들려면 지금 매월 얼마씩 납입해야 하는지를 계산해서 적립식펀드에 가입해야 한다. 그것도 그냥 1회분을 내는 것이 아니라 월급통장에서 매월 지정된 날짜에 강제적으로 빠져 나가도록 자동이체를 해 놓아야 한다.

사람은 자신의 의지로 어쩔 수 없는 숙명을 타고난다. 대한민국의 충청도에서 농부의 아들로 3월에 태어나는 것은 나의 선택과는 무관하게 결정된다. 이것은 내가 아무리 발버둥쳐도 바꿀 수 없는 것이다. 하지만 우리가 부자로 살지, 아니면 가난하게 살지는 우리의 노력 여하에 따라 결정할 수 있다. 우리 아이에게 1억 원을 만들어 주는 일도 의지로 충분히 해낼 수 있는 일이다. 내가 스스로 결정할 수 있는 운명을, 바꿀 수 없는 숙명으로 여기는 것은 스스로의 인생을 패배자로 사는 것이다.

비록 지금 살기 힘들더라도 내 아이는 부자로 살 수 있도록 사회생활을 시작할 때 1억 원을 만들어 주는 프로젝트를 지금 시작하자. 지금 시작하는 사람과 미적거리며 뒤로 미루는 사람은 10년, 20년 뒤에 엄청난 차이가 생긴다. 할 수 있다는 믿음을 갖고 지금 시작하는 사람은 주변의 도움을 받아 목표를 확실히 달성할 수 있다.

 우리 아이 종자돈 1억 만들기

종자돈 1억 만들기 실천 계획

10년 후 우리 아이 1억 만들기 펀드 투자법

1억 만들기 실전 펀드 투자전략

● ● ● "정말 내 아이가 사회생활을 시작할 때 종자돈 1억 원을 갖고 시작할 수 있다면 얼마나 든든할까……. 그런데 그렇게 되려면 매달 얼마씩 부어야 하나?"

2007년 12월에 엄마가 된 직장인 최은경 씨(30세)는 아이를 위해 펀드에 가입하려고 한다. 아기가 0세일 때 가입해서 군대까지 마치고 사회생활을 시작할 나이인 27세 때 1억 원을 가지고 시작할 수 있도록 종자돈을 준비해주기 위해서다.

장기적으로 볼 때 주식시장의 상승세가 예상되는 만큼 주식형 펀드에 가입하려고 한다. 하지만 얼마를 부어야 하는지 알 수가 없다.

장기간 투자한다는 점에서 1년 수익률을 10% 정도로 안정적으로 예상한다면, 최 씨는 매달 얼마씩 펀드에 돈을 부어야 할까.

복리 계산을 통해 나온 답은 '월 6만 원'이다. 한달에 단돈 6만 원씩만 적립하면 우리 아이가 사회생활을 시작할 때 1억 원이라는 종자돈을 마련할 수 있다.

최 씨는 펀드에 당장 가입하기로 했다. 없는 돈인 셈치고 자동이체시켜 두면 나름대로 지난 나중에 '공짜 돈'이 생긴 기분도 들 테고, 아이에게도 큰 도움이 될 것 같았다.

그렇다면 27년이 아닌 20년간 1억 원을 모으려면 매달 얼마나 부어야 할까. 또 연 수익률이 10%가 아닌 12%일 때는 1억 원을 모으는 데 필요한 월 납입액이 얼마나 줄어들까. 적립식이 아닌 거치식으로 한번에 목돈을 넣어뒀다가 1억 원을 만들려면 처음에 얼마의 목돈을 넣어야 할까.

미래에셋 투자교육연구소에서 만든 복리 계산 방식을 이용해 '1억 만들기'에 필요한 기간 수익률에 따른 투자금액(납입액)을 구해보았다.

독자들의 편의를 위하여 몇 가지 수익률별, 기간별 도표를 제시한다.

최 씨가 연 평균 수익률 10% 정도를 예상하면서 펀드에 가입해 아이가 20세가 될 때까지 1억 원을 모으려면 매달 얼마를 적립하면 되는지 알기 위해서는 연 예상수익률이 10%인 〈적립식 표1〉에서 찾아보면 된다. 내 아이의 현재 나이인 0세를 표의 세로변에서 찾고, 목표 나이인 20세를 가로변에서 찾아보면 해당칸에 매달 필요한 적립금이 13만 600원임을 알 수 있다.

눈여겨 볼 점은 투자기간이 5년만 더 늘어나도 월 납입액은 절반 수준으로 확 줄어든다는 점이다. 〈적립식 표1〉에서 찾아보면 같은 펀드에 25년간 투자하면 월 7만 4,700원만 넣으면 1억 원을 모을 수 있다는 사실을 알 수 있다.

바로 복리의 마법이 작용한 결과이다. 이처럼 막연한 짐작과 구체적인 결과는 다를 수 있으니, 실제 내 아이의 나이와 향후 예상 수익률에 맞춰 매달 얼마를 적립하면 되는지 다음 페이지에 제시하는 표에서 실제로 찾아보자.

만약에 최 씨가 "벌써부터 펀드에 투자할 필요가 있을까……. 그냥 5년 뒤 쯤 아이가 유치원갈 때부터 투자해야지."라고 마음을 바꾼다면 어떻게 될까?

투자기간이 5년 줄어든다면 1억 원을 모으는 데 납입해야 할 금액은 얼마나 늘어날까. 내 아이의 현재 나이 5세, 목표 나이 20세인 칸을 찾아보면 월 납입액은 두 배 가까이인 23만 9,300원으로 늘어난다. 투자기간이 짧아질수록 월 적립액은 대폭 많아진다.

투자기간이 짧아질수록 적립금은 훨씬 큰 폭으로 증가하게 되는셈이다. 자녀를 위한 펀드 투자 시기가 빠르면 빠를수록 유리하다는것은 바로 이 때문이다.

펀드의 예상 수익률 관점에서 살펴보면, 수익률이 높아질수록 1억 원을 모을 수 있는 투자기간이 짧아지고, 매달 적립해야 하는 금액의 크기도 줄어든다. 20년간 1억 원을 모은다고 가정할 때 연 수익률이 10%일 때는 월 납입액이 13만 원, 11%일 땐 11만 4,000원(〈적립식 표 2〉 참조), 12%일 땐 10만 원(〈적립식 표3〉 참조)으로 줄어든다. 평균 연 수익률을 15%로 높일 경우 6만 6,000원(〈적립식 표5〉 참조)으로, 수익률이 10%일 때보다 절반 수준으로 작아진다.

그렇다면 향후 펀드의 연평균 예상수익률은 얼마나 될까?

미국의 전설적인 투자자인 워렌 버핏은 1965년부터 2006년까지 42년간 연평균 21.4%의 수익률을 올렸다. 이 정도의 수익률이라면 매달 2만 5,600원만 적립(〈적립식 표7〉 참조)하면 내 아이가 20세가 되었을 때 1억 원의 종자돈이 모이게 된다.

현재 실제로 운용되고 있는 우리나라 펀드의 수익률 기록에 대입했을 경우에는 어떻게 될까? 미래에셋의 대표펀드 중 하나인 미래에셋인디펜던스주식펀드의 누적수익률을 분석해보면, 2001년 2월 14일에 가입했을 경우 2007년 8월 7일까지 6년 8개월간의 수익률이 669%로 연평균 수익률을 계산해보면, 무려 32.13%에 이른다.

워렌 버핏의 기록을 훨씬 뛰어넘는 대단한 수익률이다. 비록 워렌 버핏의 펀드보다 투자기간이 턱없이 짧지만 말이다. 향후 연평균 32.13%의 수익률이 지속될 수 있다면, 매달 4,602원의 돈만 적립하면 내 아이가 20세가 되었을 때 1억 원의 종자돈이 모이게 된다(〈적

적립식 표1(연평균 수익률 10%)

투자 시작 나이(세) \ 돈을 찾을 시기(세)	20	25	27	30
0	₩130,600	₩74,745	₩60,262	₩43,873
1	₩146,703	₩83,361	₩67,085	₩48,738
2	₩165,134	₩93,073	₩74,745	₩54,176
3	₩186,324	₩104,046	₩83,361	₩60,262
4	₩210,812	₩116,476	₩93,073	₩67,085
5	₩239,278	₩130,600	₩104,046	₩74,745
6	₩272,598	₩146,703	₩116,476	₩83,361
7	₩311,915	₩165,134	₩130,600	₩93,073
8	₩358,755	₩186,324	₩146,703	₩104,046
9	₩415,194	₩210,812	₩165,134	₩116,476
10	₩484,140	₩239,278	₩186,324	₩130,600
11	₩569,787	₩272,598	₩210,812	₩146,703
12	₩678,429	₩311,915	₩239,278	₩165,134
13	₩819,952	₩358,755	₩272,598	₩186,324
14	₩1,010,827	₩415,194	₩311,915	₩210,812
15	₩1,280,699	₩484,140	₩358,755	₩239,278

적립식 표2(연평균 수익률 11%)

투자 시작 나이(세) \ 돈을 찾을 시기(세)	20	25	27	30
0	₩114,472	₩62,870	₩49,827	₩35,333
1	₩129,609	₩70,712	₩55,948	₩39,600
2	₩147,035	₩79,612	₩62,870	₩44,406
3	₩167,181	₩89,734	₩70,712	₩49,827
4	₩190,587	₩101,276	₩79,612	₩55,948
5	₩217,933	₩114,472	₩89,734	₩62,870
6	₩250,095	₩129,609	₩101,276	₩70,712
7	₩288,219	₩147,035	₩114,472	₩79,612
8	₩333,828	₩167,181	₩129,609	₩89,734
9	₩389,002	₩190,587	₩147,035	₩101,276
10	₩456,648	₩217,933	₩167,181	₩114,472
11	₩540,961	₩250,095	₩190,587	₩129,609
12	₩648,234	₩288,219	₩217,933	₩147,035
13	₩788,350	₩333,828	₩250,095	₩167,181
14	₩977,778	₩389,002	₩288,219	₩190,587
15	₩1,246,153	₩456,648	₩333,828	₩217,933

적립식 표3(연평균 수익률 12%)

투자 시작 나이(세) \ 돈을 찾을 시기(세)	20	25	27	30
0	₩100,085	₩52,697	₩41,039	₩28,329
1	₩114,243	₩59,784	₩46,488	₩32,038
2	₩130,644	₩67,886	₩52,697	₩36,250
3	₩149,718	₩77,167	₩59,784	₩41,039
4	₩172,005	₩87,821	₩67,886	₩46,488
5	₩198,186	₩100,085	₩77,167	₩52,697
6	₩229,138	₩114,243	₩87,821	₩59,784
7	₩266,006	₩130,644	₩100,085	₩67,886
8	₩310,316	₩149,718	₩114,243	₩77,167
9	₩364,146	₩172,005	₩130,644	₩87,821
10	₩430,405	₩198,186	₩149,718	₩100,085
11	₩513,290	₩229,138	₩172,005	₩114,243
12	₩619,093	₩266,006	₩198,186	₩130,644
13	₩757,696	₩310,316	₩229,138	₩149,718
14	₩945,564	₩364,146	₩266,006	₩172,005
15	₩1,212,322	₩430,405	₩310,316	₩198,186

적립식 표4(연평균 수익률 13%)

투자 시작 나이(세) \ 돈을 찾을 시기(세)	20	25	27	30
0	₩87,297	₩44,025	₩33,678	₩22,621
1	₩100,476	₩50,388	₩38,493	₩25,819
2	₩115,844	₩57,717	₩44,025	₩29,481
3	₩133,831	₩66,176	₩50,388	₩33,678
4	₩154,976	₩75,958	₩57,717	₩38,493
5	₩179,959	₩87,297	₩66,176	₩44,025
6	₩209,659	₩100,476	₩75,958	₩50,388
7	₩245,220	₩115,844	₩87,297	₩57,717
8	₩288,170	₩133,831	₩100,476	₩66,176
9	₩340,588	₩154,976	₩115,844	₩75,958
10	₩405,382	₩179,959	₩133,831	₩87,297
11	₩486,752	₩209,659	₩154,976	₩100,476
12	₩590,990	₩245,220	₩179,959	₩115,844
13	₩727,977	₩288,170	₩209,659	₩133,831
14	₩914,174	₩340,588	₩245,220	₩154,976
15	₩1,179,199	₩405,382	₩288,170	₩179,959

적립식 표5(연평균 수익률 15%)

투자 시작 나이(세) \ 돈을 찾을 시기(세)	20	25	27	30
0	₩65,965	₩30,450	₩22,457	₩14,266
1	₩77,233	₩35,486	₩26,144	₩16,590
2	₩90,559	₩41,381	₩30,450	₩19,298
3	₩106,371	₩48,294	₩35,486	₩22,457
4	₩125,205	₩56,412	₩41,381	₩26,144
5	₩147,740	₩65,965	₩48,294	₩30,450
6	₩174,854	₩77,233	₩56,412	₩35,486
7	₩207,691	₩90,559	₩65,965	₩41,381
8	₩247,780	₩106,371	₩77,233	₩48,294
9	₩297,200	₩125,205	₩90,559	₩56,412
10	₩358,864	₩147,740	₩106,371	₩65,965
11	₩436,972	₩174,854	₩125,205	₩77,233
12	₩537,818	₩207,691	₩147,740	₩90,559
13	₩671,284	₩247,780	₩174,854	₩106,371
14	₩853,828	₩297,200	₩207,691	₩125,205
15	₩1,115,055	₩358,864	₩247,780	₩147,740

적립식 표6(연평균 수익률 20%)

투자 시작 나이(세) \ 돈을 찾을 시기(세)	20	25	27	30
0	₩31,631	₩11,592	₩7,778	₩4,281
1	₩38,734	₩14,157	₩9,494	₩5,223
2	₩47,478	₩17,296	₩11,592	₩6,373
3	₩58,265	₩21,139	₩14,157	₩7,778
4	₩71,606	₩25,850	₩17,296	₩9,494
5	₩88,160	₩31,631	₩21,139	₩11,592
6	₩108,786	₩38,734	₩25,850	₩14,157
7	₩134,612	₩47,478	₩31,631	₩17,296
8	₩167,156	₩58,265	₩38,734	₩21,139
9	₩208,492	₩71,606	₩47,478	₩25,850
10	₩261,531	₩88,160	₩58,265	₩31,631
11	₩330,476	₩108,786	₩71,606	₩38,734
12	₩421,626	₩134,612	₩88,160	₩47,478
13	₩544,872	₩167,156	₩108,786	₩58,265
14	₩716,671	₩208,492	₩134,612	₩71,606
15	₩966,612	₩261,531	₩167,156	₩88,160

적립식 표7(연평균 수익률 21.4%)

투자 시작 나이(세) \ 돈을 찾을 시기(세)	20	25	27	30
0	₩25,553	₩8,764	₩5,724	₩3,025
1	₩31,700	₩10,848	₩7,083	₩3,741
2	₩39,359	₩13,431	₩8,764	₩4,627
3	₩48,919	₩16,635	₩10,848	₩5,724
4	₩60,879	₩20,612	₩13,431	₩7,083
5	₩75,887	₩25,553	₩16,635	₩8,764
6	₩94,789	₩31,700	₩20,612	₩10,848
7	₩118,704	₩39,359	₩25,553	₩13,431
8	₩149,140	₩48,919	₩31,700	₩16,635
9	₩188,165	₩60,879	₩39,359	₩20,612
10	₩238,683	₩75,887	₩48,919	₩25,553
11	₩304,895	₩94,789	₩60,879	₩31,700
12	₩393,102	₩118,704	₩75,887	₩39,359
13	₩513,195	₩149,140	₩94,789	₩48,919
14	₩681,633	₩188,165	₩118,704	₩60,879
15	₩928,003	₩238,683	₩149,140	₩75,887

적립식 표8(연평균 수익률 32.13%)

투자 시작 나이(세) \ 돈을 찾을 시기(세)	20	25	27	30
0	₩4,602	₩942	₩499	₩193
1	₩6,323	₩1,293	₩686	₩265
2	₩8,690	₩1,776	₩942	₩364
3	₩11,948	₩2,439	₩1,293	₩499
4	₩16,433	₩3,350	₩1,776	₩686
5	₩22,618	₩4,602	₩2,439	₩942
6	₩31,158	₩6,323	₩3,350	₩1,293
7	₩42,974	₩8,690	₩4,602	₩1,776
8	₩59,373	₩11,948	₩6,323	₩2,439
9	₩82,224	₩16,433	₩8,690	₩3,350
10	₩114,246	₩22,618	₩11,948	₩4,602
11	₩159,479	₩31,158	₩16,433	₩6,323
12	₩224,094	₩42,974	₩22,618	₩8,690
13	₩317,898	₩59,373	₩31,158	₩11,948
14	₩457,307	₩82,224	₩42,974	₩16,433
15	₩671,893	₩114,246	₩59,373	₩22,618

 우리 아이 종자돈 1억 만들기

립식 표 8〉 참조).

2007년의 경우에도 코스피지수가 2,000포인트를 돌파하는 등 대형주와 중소형주가 골고루 상승세를 나타냈다. 이에 따라 우리나라 주식형 펀드의 연 수익률이 50%를 넘어선 경우도 많았다.

하지만 내 아이를 위한 종자돈을 마련하기 위한 펀드 투자는 앞으로 20년이라는 장기적인 전망 하에 적립식으로 투자를 하는 것이므로 장밋빛 전망에만 입각하여 투자할 수는 없을 것이다. 앞에서 설명한 미래에셋인디펜던스주식펀드의 수익률이 달성된 2001년부터 2007년까지는 국내 증시의 대세 상승 시기로, 향후 증시가 조정을 보이거나 하락세를 나타낼 경우 실제 수익률은 크게 달라질 수 있다.

따라서 적립식펀드에 가입하기에 앞서 투자기간과 투자금액을 구할 때, 펀드의 수익률을 연 10~12% 정도로 보수적으로 설정하는 게 바람직하다. 보수적인 전망 하에 투자를 하다가 혹시 대세상승기간을 만나게 되면 '+α'의 수익을 얻어서 더욱 좋아진다는 관점으로 접근하면 될 것이다.

적립식보다 '목돈 묻어두기'로

● ● ● 갓 돌 지난 아들을 둔 오승현 씨(35세)는 아들 돌잔치 때 들어온 축하금으로 아이를 위해 펀드에 가입

하기로 했다. 이미 적립식펀드는 가입해둔 게 있는 데다 보험으로 나가는 돈도 있어 한꺼번에 목돈을 넣어두는 게 마음 편할 것 같아서다.

또 아이의 돌잔치 때 들어온 돈이라 아이를 위한 펀드에 가입한다면 더 의미가 있을 것 같아 한꺼번에 목돈을 묻어두는 거치식펀드를 택했다.

거치식펀드에 가입할 경우, 적립식펀드에 투자할 때와 수익률에 차이가 난다. 주식시장이 상승세를 보일 때 거치식일 경우 상승분만큼 수익을 낼 수 있지만 적립식펀드는 매달 쪼개 투자하기 때문에 수익률이 그 만큼 낮아진다.

주가가 오르면 전달에 비해 그 다음달 더 높은 가격으로 주식을 사는 셈이 되기 때문이다. 주가가 하락할 때에는 반대가 된다. 따라서 거치식펀드가 적립식펀드보다 상승장에서 높은 수익을 내지만 하락장에서 손실폭도 더 크다.

하지만 어린이펀드처럼 장기간 투자할 경우 거치식펀드가 더 높은 성과를 낼 수 있다는 게 전문가들의 조언이다.

대표적인 '가치 투자자'로 알려진 한국밸류자산운용의 이채원 전무는 "장기간 주식시장에 투자할 경우 적립식펀드로는 큰 수익을 내기 어렵다."면서 "가능하면 거치식 투자를 권한다."고 말했다. 그는 "여유가 있다면 현재 어린이펀드 비과세 한도인 1,500만 원 정도를 거치식으로 묻어두고 나중에 결혼 자금 등 큰돈이 필요할 때 쓰면 된다.”며 “10년 이상 묻어둘 경우 놀랄 만큼 많은 수익이 붙어 있을 것”이라고 말했다.

1,500만 원을 한꺼번에 투자할 경우, 연 수익 10%인 펀드일 경우 몇 년 만에 1억 원을 만들 수 있을까. 복리를 적용한 수익률 계산공식에 따르면 약 19년이 소요된다. 아이가 태어나서 돌이 지난 뒤 1,500만 원으로 투자하면 대학에 입학할 땐 1억 원의 목돈이 쥐어지는 셈이다.

오승현 씨가 돌 지난 아들을 위해 연 수익 10%짜리 펀드에 가입할 경우, 대학 입학 때인 20세까지 1억 원을 만들려면 1,500만 원이 필요하다. 또 대학을 졸업하고 사회생활을 시작할 즈음인 25세에 1억 원을 찾으려면 916만 원을 넣어두면 된다. 투자기간이 5년 늘었을 뿐인데 초기 투자액은 3분의 2 이하로 줄어든다. 결혼 적령기인 30세가 될 때 1억 원의 목돈을 찾으려고 한다면 557만 원만 묻어두면 된다(〈거치식 표1〉 참조).

수익률을 조금만 높게 잡아도 필요한 돈의 액수는 크게 줄어든다. 보다 짧은 기간에, 적은 돈으로 목표치인 1억 원에 도달하게 되는 것이다. 연 수익 12% 정도가 예상되는 좀더 공격적인 펀드에 가입한다면, 오 씨는 1,034만 원으로 아이가 대학 입학할 때 1억 원을 모을 수 있다. 25세까지는 570만 원, 27세까지 투자한다면 448만 원, 그리고 30세에 돈을 찾는다면 단돈 313만 원만 넣어두면 1억 원을 만들 수 있다(〈거치식 표3〉 참조). 매년 복리로 수익을 계산하기 때문에

거치식 표1(연평균 수익률 10%)

가입시기(세) \ 환매시기(세)	20	25	27	30
0	₩13,646,151	₩8,293,975	₩6,796,162	₩5,040,983
1	₩15,075,081	₩9,162,463	₩7,507,809	₩5,568,840
2	₩16,653,639	₩10,121,892	₩8,293,975	₩6,151,971
3	₩18,397,493	₩11,181,786	₩9,162,463	₩6,796,162
4	₩20,323,951	₩12,352,666	₩10,121,892	₩7,507,809
5	₩22,452,134	₩13,646,151	₩11,181,786	₩8,293,975
6	₩24,803,166	₩15,075,081	₩12,352,666	₩9,162,463
7	₩27,400,382	₩16,653,639	₩13,646,151	₩10,121,892
8	₩30,269,560	₩18,397,493	₩15,075,081	₩11,181,786
9	₩33,439,178	₩20,323,951	₩16,653,639	₩12,352,666
10	₩36,940,697	₩22,452,134	₩18,397,493	₩13,646,151
11	₩40,808,871	₩24,803,166	₩20,323,951	₩15,075,081
12	₩45,082,093	₩27,400,382	₩22,452,134	₩16,653,639
13	₩49,802,777	₩30,269,560	₩24,803,166	₩18,397,493
14	₩55,017,779	₩33,439,178	₩27,400,382	₩20,323,951
15	₩60,778,859	₩36,940,697	₩30,269,560	₩22,452,134

거치식 표2(연평균 수익률 11%)

가입시기(세) \ 환매시기(세)	20	25	27	30
0	₩11,191,923	₩6,473,377	₩5,200,215	₩3,744,183
1	₩12,487,039	₩7,222,468	₩5,801,978	₩4,177,455
2	₩13,932,024	₩8,058,244	₩6,473,377	₩4,660,866
3	₩15,544,222	₩8,990,734	₩7,222,468	₩5,200,215
4	₩17,342,981	₩10,031,132	₩8,058,244	₩5,801,978
5	₩19,349,891	₩11,191,923	₩8,990,734	₩6,473,377
6	₩21,589,038	₩12,487,039	₩10,031,132	₩7,222,468
7	₩24,087,296	₩13,932,024	₩11,191,923	₩8,058,244
8	₩26,874,650	₩15,544,222	₩12,487,039	₩8,990,734
9	₩29,984,553	₩17,342,981	₩13,932,024	₩10,031,132
10	₩33,454,331	₩19,349,891	₩15,544,222	₩11,191,923
11	₩37,325,627	₩21,589,038	₩17,342,981	₩12,487,039
12	₩41,644,905	₩24,087,296	₩19,349,891	₩13,932,024
13	₩46,464,005	₩26,874,650	₩21,589,038	₩15,544,222
14	₩51,840,766	₩29,984,553	₩24,087,296	₩17,342,981
15	₩57,839,719	₩33,454,331	₩26,874,650	₩19,349,891

거치식 표3(연평균 수익률 12%)

가입시기(세) \ 환매시기(세)	20	25	27	30
0	₩9,180,584	₩5,053,449	₩3,979,925	₩2,781,669
1	₩10,344,911	₩5,694,353	₩4,484,679	₩3,134,454
2	₩11,656,905	₩6,416,539	₩5,053,449	₩3,531,981
3	₩13,135,293	₩7,230,317	₩5,694,353	₩3,979,925
4	₩14,801,176	₩8,147,302	₩6,416,539	₩4,484,679
5	₩16,678,336	₩9,180,584	₩7,230,317	₩5,053,449
6	₩18,793,566	₩10,344,911	₩8,147,302	₩5,694,353
7	₩21,177,061	₩11,656,905	₩9,180,584	₩6,416,539
8	₩23,862,843	₩13,135,293	₩10,344,911	₩7,230,317
9	₩26,889,248	₩14,801,176	₩11,656,905	₩8,147,302
10	₩30,299,478	₩16,678,336	₩13,135,293	₩9,180,584
11	₩34,142,210	₩18,793,566	₩14,801,176	₩10,344,911
12	₩38,472,297	₩21,177,061	₩16,678,336	₩11,656,905
13	₩43,351,547	₩23,862,843	₩18,793,566	₩13,135,293
14	₩48,849,609	₩26,889,248	₩21,177,061	₩14,801,176
15	₩55,044,962	₩30,299,478	₩23,862,843	₩16,678,336

거치식 표4(연평균 수익률 13%)

가입시기(세) \ 환매시기(세)	20	25	27	30
0	₩7,531,940	₩3,945,786	₩3,046,662	₩2,067,094
1	₩8,571,592	₩4,490,433	₩3,467,200	₩2,352,420
2	₩9,754,750	₩5,110,259	₩3,945,786	₩2,677,131
3	₩11,101,223	₩5,815,640	₩4,490,433	₩3,046,662
4	₩12,633,552	₩6,618,387	₩5,110,259	₩3,467,200
5	₩14,377,393	₩7,531,940	₩5,815,640	₩3,945,786
6	₩16,361,940	₩8,571,592	₩6,618,387	₩4,490,433
7	₩18,620,419	₩9,754,750	₩7,531,940	₩5,110,259
8	₩21,190,642	₩11,101,223	₩8,571,592	₩5,815,640
9	₩24,115,638	₩12,633,552	₩9,754,750	₩6,618,387
10	₩27,444,380	₩14,377,393	₩11,101,223	₩7,531,940
11	₩31,232,596	₩16,361,940	₩12,633,552	₩8,571,592
12	₩35,543,708	₩18,620,419	₩14,377,393	₩9,754,750
13	₩40,449,895	₩21,190,642	₩16,361,940	₩11,101,223
14	₩46,033,294	₩24,115,638	₩18,620,419	₩12,633,552
15	₩52,387,384	₩27,444,380	₩21,190,642	₩14,377,393

거치식 표5(연평균 수익률 15%)

가입시기(세) \ 환매시기(세)	20	25	27	30
0	₩5,072,153	₩2,407,079	₩1,786,527	₩1,142,322
1	₩5,887,525	₩2,794,028	₩2,073,720	₩1,325,955
2	₩6,833,971	₩3,243,181	₩2,407,079	₩1,539,109
3	₩7,932,562	₩3,764,537	₩2,794,028	₩1,786,527
4	₩9,207,758	₩4,369,703	₩3,243,181	₩2,073,720
5	₩10,687,946	₩5,072,153	₩3,764,537	₩2,407,079
6	₩12,406,082	₩5,887,525	₩4,369,703	₩2,794,028
7	₩14,400,416	₩6,833,971	₩5,072,153	₩3,243,181
8	₩16,715,347	₩7,932,562	₩5,887,525	₩3,764,537
9	₩19,402,415	₩9,207,758	₩6,833,971	₩4,369,703
10	₩22,521,441	₩10,687,946	₩7,932,562	₩5,072,153
11	₩26,141,864	₩12,406,082	₩9,207,758	₩5,887,525
12	₩30,344,287	₩14,400,416	₩10,687,946	₩6,833,971
13	₩35,222,268	₩16,715,347	₩12,406,082	₩7,932,562
14	₩40,884,407	₩19,402,415	₩14,400,416	₩9,207,758
15	₩47,456,760	₩22,521,441	₩16,715,347	₩10,687,946

거치식 표6(연평균 수익률 20%)

가입시기(세) \ 환매시기(세)	20	25	27	30
0	₩1,892,952	₩702,141	₩472,214	₩260,441
1	₩2,308,249	₩856,185	₩575,813	₩317,580
2	₩2,814,659	₩1,044,024	₩702,141	₩387,254
3	₩3,432,170	₩1,273,074	₩856,185	₩472,214
4	₩4,185,157	₩1,552,375	₩1,044,024	₩575,813
5	₩5,103,343	₩1,892,952	₩1,273,074	₩702,141
6	₩6,222,971	₩2,308,249	₩1,552,375	₩856,185
7	₩7,588,235	₩2,814,659	₩1,892,952	₩1,044,024
8	₩9,253,027	₩3,432,170	₩2,308,249	₩1,273,074
9	₩11,283,058	₩4,185,157	₩2,814,659	₩1,552,375
10	₩13,758,461	₩5,103,343	₩3,432,170	₩1,892,952
11	₩16,776,944	₩6,222,971	₩4,185,157	₩2,308,249
12	₩20,457,656	₩7,588,235	₩5,103,343	₩2,814,659
13	₩24,945,884	₩9,253,027	₩6,222,971	₩3,432,170
14	₩30,418,788	₩11,283,058	₩7,588,235	₩4,185,157
15	₩37,092,399	₩13,758,461	₩9,253,027	₩5,103,343

 우리 아이 종자돈 1억 만들기

거치식 표7(연평균 수익률 21.4%)

가입시기(세) \ 환매시기(세)	20	25	27	30
0	₩1,437,472	₩497,736	₩325,656	₩172,345
1	₩1,777,131	₩615,346	₩402,605	₩213,068
2	₩2,197,047	₩760,745	₩497,736	₩263,414
3	₩2,716,185	₩940,501	₩615,346	₩325,656
4	₩3,357,990	₩1,162,731	₩760,745	₩402,605
5	₩4,151,447	₩1,437,472	₩940,501	₩497,736
6	₩5,132,388	₩1,777,131	₩1,162,731	₩615,346
7	₩6,345,116	₩2,197,047	₩1,437,472	₩760,745
8	₩7,844,397	₩2,716,185	₩1,777,131	₩940,501
9	₩9,697,943	₩3,357,990	₩2,197,047	₩1,162,731
10	₩11,989,461	₩4,151,447	₩2,716,185	₩1,437,472
11	₩14,822,439	₩5,132,388	₩3,357,990	₩1,777,131
12	₩18,324,820	₩6,345,116	₩4,151,447	₩2,197,047
13	₩22,654,775	₩7,844,397	₩5,132,388	₩2,716,185
14	₩28,007,851	₩9,697,943	₩6,345,116	₩3,357,990
15	₩34,625,801	₩11,989,461	₩7,844,397	₩4,151,447

거치식 표8(연평균 수익률 32.13%)

가입시기(세) \ 환매시기(세)	20	25	27	30
0	₩176,170	₩36,092	₩19,143	₩7,394
1	₩241,899	₩49,558	₩26,285	₩10,153
2	₩332,153	₩68,049	₩36,092	₩13,941
3	₩456,081	₩93,438	₩49,558	₩19,143
4	₩626,246	₩128,300	₩68,049	₩26,285
5	₩859,901	₩176,170	₩93,438	₩36,092
6	₩1,180,734	₩241,899	₩128,300	₩49,558
7	₩1,621,270	₩332,153	₩176,170	₩68,049
8	₩2,226,173	₩456,081	₩241,899	₩93,438
9	₩3,056,766	₩626,246	₩332,153	₩128,300
10	₩4,197,258	₩859,901	₩456,081	₩176,170
11	₩5,763,272	₩1,180,734	₩626,246	₩241,899
12	₩7,913,572	₩1,621,270	₩859,901	₩332,153
13	₩10,866,157	₩2,226,173	₩1,180,734	₩456,081
14	₩14,920,364	₩3,056,766	₩1,621,270	₩626,246
15	₩20,487,211	₩4,197,258	₩2,226,173	₩859,901

연 수익 1~2%포인트 차이에도 투자기간과 투자금액을 크게 줄일 수 있다.

〈거치식 표5〉에서 보듯이 연평균 수익률이 15%라면 오 씨가 돌 지난 아들을 위해 132만 원만 펀드에 묻어둔다면 아이가 30세가 되었을 때 1억 원을 손에 쥐게 된다. 워렌 버핏이 달성한 수익률인 연평균 21.4%라면 21만 3천 원만 넣어두면 되고(〈거치식 표7〉 참조), 미래에셋인디펜던스주식펀드의 달성 수익률인 32.13%라면 1만 153원만 넣어두면 된다(〈거치식 표8〉 참조). 복리의 마법이 놀랍지 않은가?

2001~2007년 미래에셋인디펜던스펀드에 거치식, 적립식으로 투자했을 경우 누적수익

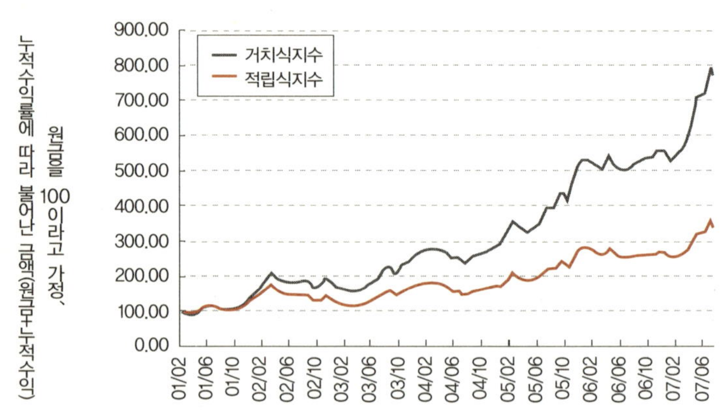

자료 : 미래에셋투자교육연구소

펀드를 선택해야 하는 이유

●●● "자장면 한 그릇 값하던 강남의 땅 한 평이 수천만 원짜리 금싸라기 땅이 됐다더라."

"고졸 여직원이 월급 받아 1주, 2주씩 사 모은 삼성전자 주식이 수억 원으로 불어났다더라."

"○○닷컴 주식에 투자한 A씨가 졸지에 갑부가 돼서 벤처기업 사장이 됐단다."

1970년대에는 강남 땅, 1980년대는 삼성전자 주식, 1990년대에는 닷컴주에 묻어두는 것이 전설처럼 전해오는 '대박의 비결'이었다. 그렇다면 우리가 당면하고 있는 21세기에는 어디에 돈을 묻어둬야 할까.

바로 '자녀를 위해 펀드에 가입하는 사람'이 가장 현명한 투자자가 될 것이다. 수수료 등 기타 비용과 주가 등락에 따라 수익률에 차이가 있을 수 있지만, 일반적으로 주식형 펀드가 연 평균 12% 가량의 수익을 낼 수 있다면 6년마다 자산이 2배 가까이 불어나게 된다.

거침없이 오르는 교육비를 감당하기 위해선 장기적으로 교육비 상승률을 넘어서는 자산에 투자를 해야 한다. 교육비 상승률 이상의 투자수익률을 얻기 위해선 펀드만한 투자상품도 없다.

굿모닝신한증권의 연구 자료에 따르면 2001년부터 2006년까지의 6년간 대입 학원비(6.2%)와 사립대 등록금 증가율(6.3%) 평균이 정기

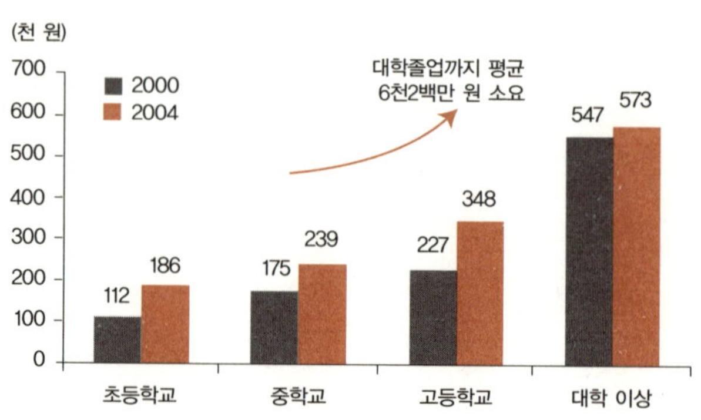

자료 : 2004년 사회통계조사결과(통계청)
주 : 2000년~2004년

예금금리(4.5%)보다 높은 증가율을 나타내고 있다. 물가상승률 (3.2%)과는 2배 수준의 차이가 났다.

자녀를 위한 투자상품 중, 어린이저축이나 어린이적금의 경우 가입 당시의 시중금리에 연동된 확정금리형 상품이 대부분이다. 이러한 저축상품의 경우 연간수익률이 정기예금금리(4.5%) 수준이다.

4.5% 금리에서 만족할 수 있을까? 결코 그렇지 않다. 물가상승률 (3.2%)을 감안할 경우 실제 수익률은 1%대에 불과하다. 저축상품만으로는 인플레이션 위험에 적절하게 대비할 수 없는 셈이다. 목돈으로 '불리기' 보다는 '현상 유지' 에 가깝다.

교육비 상승률은 물가상승률의 2배를 뛰어넘는다. 저축상품에만 투자해선 도저히 교육비를 마련할 수 없다는 얘기다.

최근 6년간 주요 교육비 증가율 및 주요 지표 수익률

구분(%)	2001	2002	2003	2004	2005	2006	평균
대입 학원비 상승률	6.1	5.9	7.8	4.7	5.5	7.4	6.2
사립대 등록금 상승률	5.9	6.4	7.2	6.5	4.9	6.5	6.3
정기예금금리(1~2년 미만)	5.8	5.0	4.3	3.9	3.7	4.5	4.5
물가상승률	4.1	2.8	3.5	3.6	2.8	2.2	3.2

자료 : Bloomberg, 통계청, 한국은행, 굿모닝신한증권

과거 고금리 시절 최고의 인기를 누렸던 '교육보험'과 '차세대 종합통장'을 기억하는가? 이들 상품이 최근 투자자들의 기억에서 흔적조차 없이 사라진 이유를 생각해보자.

이 상품들은 물가에 연동된 확정금리로 지급하는 저축상품인 데다, 과거 물가에 비해 2~3배 이상 오르는 교육비 상승률을 고려하지 않았다. 현재시점 기준으로 학자금을 계산한 탓에 교육비 상승에 따른 화폐가치 하락을 감당할 수 없었던 것이다.

이제 서서히 답이 나온다. 교육비 마련을 위한 상품선택은 저축상품보다 '투자상품'을 선택해야 한다는 게 답이다.

그렇다면 투자상품 중에서 어떠한 자산에 투자를 해야 할까. 연수익률에 따라 각 기간 동안 적립금(12만 5,000원과 20만 원)을 매월 납입하였을 경우 미래에 실현되는 가치를 따져보자.

12만 5,000원을 4%대인 정기예금(저축상품)에 매월 투자할 경우 10년간 2,000만 원도 모을 수가 없으며, 18년간 투자를 해도 4,000만 원에 미치지 못하고 있다.

국내 주요 투자자산별 18년간 연도별 수익률 추이

투자대상자산(%)	89	90	91	92	93	94	95	96	97	98
주식(KOSPI)	0.3	(23.5)	(12.2)	11.1	27.7	18.6	(14.1)	(26.2)	(42.2)	49.5
채권(회사채AA-)	15.2	16.5	18.9	16.2	12.6	12.9	13.8	11.9	13.4	15.1
정기예금(1-2년 미만)	–	–	–	–	–	–	–	10.0	10.6	13.3
부동산(아파트가격)	20.2	32.3	(1.8)	(5.0)	(2.7)	0.7	0.7	3.5	4.7	(13.6)
물가상승률	5.7	8.6	9.3	6.2	4.8	6.3	4.5	4.9	4.4	7.5

투자대상자산(%)	99	00	01	02	03	04	05	06	평균
주식(KOSPI)	82.8	(50.9)	37.5	(9.5)	29.2	10.5	54.0	4.0	16.5
채권(회사채AA-)	8.9	9.4	7.1	6.6	5.4	4.7	4.7	5.2	8.0
정기예금(1-2년 미만)	7.9	7.9	5.8	5.0	4.3	3.9	3.7	4.5	6.7
부동산(아파트가격)	8.5	1.4	14.5	22.8	9.6	(0.6)	5.9	13.8	6.7
물가상승률	0.8	2.3	4.1	2.8	3.5	3.6	2.8	2.2	3.4

자료 : Bloomberg, 한국은행, 국민은행, 굿모닝신한증권
출처 : 굿모닝신한증권 펀드리서치팀의 펀드insight보고서 2007년 5월호
주 1) 정기예금 금리는 한국은행 예금금리 가중평균 수신금리
   2) 부동산은 국민은행 주택가격(아파트) 시계열 동향
   3) 1989년~2006년(18년간)

교육비 마련을 위해서는 교육비 상승률인 최소 연 6% 이상의 수익률이 나올 수 있는 자산을 투자 대상으로 삼아야 한다. 여기에 물가상승률까지 감안해 실질적인 목돈마련을 하고자 한다면 '연 10% 이상' 수익률이 나오는 자산에 투자해야 한다.

연 10% 수익률이 나오는 자산에 투자할 경우(시뮬레이션 결과) 10년과 18년 뒤, 각각 무려 2,582만 원과 7,570만 원의 자금을 모을 수가 있다.

그렇다면 연 수익률이 10% 이상 나오는 자산에는 어떤 것이 있을

까. 국내 주요 투자자산별 연간 장기투자수익률(표)에서 보듯이 18년 평균수익률 중 10% 이상 수익이 나오는 자산은 주식뿐이다.

2006년 '부동산 열풍'을 일으켰던 아파트 가격도 18년 평균 수익률이 6.7%에 불과하며, 부동산보다 다소 높은 평균 수익률을 나타낸 채권과 정기예금의 경우 IMF 외환위기 이후 저금리 시대가 시작됨에 따라 점차 평균 수익률이 낮아질 가능성이 높다.

결론적으로 비용 및 수익률을 고려했을 때, 교육비 마련을 위해 장기간 투자대상으로 삼을 자산은 주식이 가장 적합하다. 하지만 주식은 변동성이 크고 공격적인 자산이다. 직접 주식을 매매하기엔 신경 쓸 것도 많고 투자 위험도 따른다. 비용과 리스크가 큰 셈이다.

포트폴리오 분산이 이루어지고 소액의 자금으로 장기투자가 가능하려면, 전문가에게 투자를 맡기는 '주식형 펀드'가 가장 적절하다.

또 자녀의 교육비 마련과 같은 장기투자에 있어서는 투자 시점을 분산해 위험을 낮추면서 복리효과를 기대할 수 있는 '적립식펀드 투자'로 해야 한다.

자녀를 위한 투자는 주식형 펀드를 적립식 방법으로 매월 일정 금액씩 분납하는 것이 어린이용 장기투자 방법으로 알맞다.

왜 '어린이펀드'여야 하나

● ● ●　자녀를 위한 목돈을 마련하려는 고객을 위해 만든 '어린이펀드'는 어린이나 청소년을 대상으로 판매하는 펀드다. 매달 적은 금액을 꾸준히 적립해 목돈을 만들 수 있다. 복리의 마법을 이용해 '시간'에 투자하는 장기투자 상품인 셈이다.

어린이펀드는 자녀 명의의 장기 상품이라는 점에서 증여세 공제 혜택을 적극적으로 활용할 수 있는 장점이 있다. 하지만 증여세 공제 혜택은 자녀 명의로 가입하기만 한다면 어떤 펀드라도 받을 수 있는 혜택이다. 굳이 어린이펀드여야 하는 이유는 우선 자녀의 교육비 마련과 함께 부가적으로 제공되는 어린이 경제교육을 통해 자녀의 미래를 위해 투자하는 상품이기 때문이다.

대표적인 어린이 상품들을 살펴보도록 하자. 우선 어린이보험과 적금, 펀드 세 가지를 비교해보겠다.

보험과 적금은 지금까지 부모들이 흔히 접해온 '자녀를 위한 저축 수단'이다. 어린이보험은 각종 질병 및 재해에 대한 치료비 마련 등 '보장'에 초점을 맞춘 상품이다. 어린이적금은 보통 만기가 2~3년으로 단기 목돈 마련을 위해 가입, 자녀의 성장에 따라 만기를 지속적으로 연장할 수 있는 저축상품이다.

어린이펀드는 보험이나 적금처럼 보장 기능과 원금보전 기능은 없다. 마이너스(–) 수익이 날 경우 최악의 상황에선 원금을 까먹을 수도 있다는 얘기다. 하지만 펀드투자의 장점인 분산투자를 통해 투자 위험을 최대한 줄이면서 장기적으로 투자함으로써 미래의 자금을 확보할 수 있다.

올해 마이너스(-) 손실이 나더라도 내년에 플러스(+) 수익으로 만회할 수 있는 만큼 바로 눈앞의 수익률에 연연할 필요는 없다.

어린이펀드들의 공통된 특징은, 다른 어떤 펀드상품들보다 '장기투자'를 목적으로 운용한다는 점이다. 이 때문에 주식편입 종목을 선정하는 데 있어서 지속적으로 성장 가능한 안정적인 상품에 집중적으로 투자한다.

투자의 목적은 자녀 성장에 필요한 자금(교육, 의료 등) 및 성장 후 자립을 위한 자금 마련이다. 교육자금, 독립자금, 결혼 및 주택자금으로 사용될 수 있다.

어린이펀드는 대개 장기 적립식으로 납부, 적립금액에 대한 부담감을 낮추고 인플레이션 위험에 대비하는 게 바람직하다. 자녀들의 미래를 위한 자금을 전문적인 펀드매니저가 체계적으로 관리해준다고 생각하면 편하다.

어린이펀드는 물질적인 투자일 뿐 아니라 자녀의 경제 학습을 위한 투자가 될 수 있다. 자녀들에게 처음부터 어떤 펀드에 투자하는지 알려줘, 자녀들이 어릴 적부터 자연스럽게 '투자의 개념'을 몸소 체험할 수 있도록 도와줄 필요가 있다.

"엄마 아빠가 너를 위해 ○○○ 어린이펀드에 가입했어. 매달 △△

만 원씩 부을 거야. 이 펀드는 주식에 투자하는 것인데, 보렴. 벌써 몇 달 사이에 수익이 이만큼 붙었지? 복리효과라는 거야. 이자가 붙을수록 이자의 이자가 더해져서, 오랜 기간 투자하면 그 만큼 수익이 불어나게 돼."

자녀 몰래 어린이펀드에 가입한 뒤에 자녀가 성년이 됐을 때 "네가 어렸을 때 너의 미래를 위해 이런 목돈을 마련해두었단다."라고 '깜짝쇼'를 하기보다는, 펀드에 가입할 때부터 자녀와 함께 계좌를 만들고 매월 수익률 변동과 투자 내역 등을 함께 살펴보면서 관심을 높이는 게 자녀를 위한 목돈마련과 자녀의 경제교육을 함께 거두는 일석이조의 효과를 누릴 수 있다.

또 어린이펀드 중에는 어린이를 위한 경제 및 금융 교육 서비스 프로그램을 제공하는 펀드들이 있다. 어린이펀드를 고를 때에는 운용사, 펀드 특징, 보수 등과 함께 "어떤 부가서비스를 제공하는가."를 꼼꼼히 따져봐야 한다. 경제교육 사이트를 운영하는 펀드부터 독후감 대회를 열거나 경제교육 프로그램을 진행하는 펀드까지 서비스 내용도 다양하다.

어떤 어린이펀드가 유리할까

●　●　●　IMF 외환위기 이후 저금리 상태 기

조가 이어지고 있지만 교육비는 해마다, 아니 분기마다 오르고 있다. 대학들이 매 학기마다 물가상승분 이상으로 등록금을 인상하고 있다. 게다가 사교육비는 점점 늘었으면 늘었지 좀처럼 줄어들 것 같지 않다. 정부가 공교육을 되찾아주길 기다리느니 '황하강의 물이 맑아지길 기다리는'(백년하청百年河淸) 게 빠를 것이다.

이제 부모 세대들은 자녀를 위한 자금 마련과 경제교육에 대한 욕구가 강해졌다. 그 결과 2004년 이후 국내 어린이펀드에 대한 관심도 서서히 높아지면서 어린이펀드 시장은 안정적으로 성장하고 있다.

2007년 5월 현재 어린이펀드 규모는 11개 운용사, 19개 펀드, 7,949억 원에 이르고 있다. 2004년 말에 216억 원에 불과하던 것이 2005년 말에는 1,805억 원이나 됐다. 1년 새 8배 이상 늘어났다. 2006년 말에는 또 3.6배 늘어난 6,470억 원에 이르렀다. 시작은 쉽지 않았지만 일단 물꼬를 튼 뒤부터는 뜀뛰기 성장을 하고 있는 것이다.

특히 어린이펀드는 과거 주식시장이 크게 요동을 치거나, 주가 상승에 따른 주식형 펀드 대량 환매로 인해 펀드 자금이 썰물처럼 빠져나갈 때도 시황 변동에 관계없이 수탁액 규모가 꾸준하게 증가하는 특성을 나타내고 있다.

어린이펀드는 주식형 펀드가 7,686억 원으로, 어린이펀드의 대부분인 96% 이상을 차지하고 있다. 주식·채권 혼합형과 채권형 펀드는 미미한 상태다.

한국에서 처음으로 설정된 어린이펀드는 하나UBS자산운용(옛 대한투자신탁)의 '대한황금돼지적립식주식ClassC' 펀드로, 지난 1999년에 선보였다. 2007년 5월 현재 설정 규모가 가장 큰 펀드는 미래에셋자산운용의 '미래에셋우리아이3억만들기주식G-1' 펀드로 설정액이 4,000억 원 가량 된다.

하지만 한국에서 어린이펀드는 개념이 도입된 지 얼마 되지 않는 '걸음마 펀드' 에 불과하다. 수탁액 규모가 300억 원 이상 되는 펀드는 현재 6개밖에 되지 않는다. 주식형 어린이펀드는 국내 주식형 펀드 설정액의 1.5%에 불과해 아직도 그 비중이 매우 낮은 상황이다.

아직까지는 어린이펀드에 대한 인식이 그다지 높지 않은 탓이다. 하지만 주식시장이 활황세를 보이고 자녀들이 사회에 나오기 전에 독립할 수 있는 목돈을 마련해주는 것이 바람직하다는 인식이 높아지면서 어린이펀드에 대한 관심이 높아지고 있어 어린이펀드는 급속한 성장세를 보일 것으로 예상된다.

어린이펀드 수익률, 아직 비교하기는 일러

● ● ● 어린이펀드는 10년 이상 장기투자해야 하기 때문에 장기 성적이 어떤지가 중요하다. 하지만 아직 우

리나라에는 그 만큼 오래된 어린이펀드가 없다.

그렇다면 지금까지 설정된 어린이펀드들의 성적은 어떨까. 어린이펀드는 대부분 이름에 '어린이, 꿈나무, 착한아이, 주니어' 등의 단어가 들어간다.

2007년 9월 말 기준으로 최근 1년 수익률이 가장 높은 펀드는 SH자산운용의 Tops엄마사랑어린이적립식주식1펀드로, 연 수익률이 무려 68.75%에 이른다. NH-CA자산운용의 농협CA아이사랑적립주식1펀드와 신영투신운용의 주니어경제박사주식펀드 역시 각각 55.67%와 55.18%로 연 50%가 넘는 높은 수익을 올렸다(자료: 펀드평가사 제로인).

이 펀드들 모두 주식형 펀드로, 투자자산 중 최소한 60% 이상을 주식에 투자하도록 하며 보통은 90% 이상을 주식으로 편입하고 있다.

2007년은 코스피지수가 처음으로 2,000선을 돌파할 정도로 1분기 이후 주가가 가파르게 상승했다. 이 기간 주식에 투자한 펀드들이 높은 수익률을 올린 것은 어쩌면 당연한 결과다. 404개 주식 성장형 펀드의 연 수익률이 49.07%에 이를 정도다.

앞으로도 계속 이렇게 높은 수익률을 올릴 수 있을 것이라고 기대해선 안 된다는 이야기다. 주식형 펀드는 언제든지 원금 손실이 날 수 있다는 전제가 깔려 있음을 명심해야 한다. 따라서 보수적인 투자자라면 주식형 펀드보다는 채권 투자비중이 높은 혼합형 펀드를 권할 만하다. 혼합형 펀드는 주식형 펀드보다 수익률은 낮지만 원금 손실 위험이 적다.

인덱스펀드를 운용하는 모 자산운용사 A 펀드매니저는 이렇게 말했다.

"국내에서 판매되는 어린이펀드가 모두 주식형 펀드라는 점은 문제가 있어요. 어린이펀드는 웬만해선 10년 이상 투자해야 하는데, 아이의 미래를 걸고 투자하는 돈은 절대로 원금이 지켜져야 합니다. 어린이펀드는 무엇보다 채권금리를 약간 웃도는 정도의 수익률을 꾸준히 유지하는 게 중요합니다."

펀드 업계에서는 '지수대비 높은 수익률'(아웃퍼폼, 반대는 언더퍼폼)만 내도 담당 매니저의 실력이 괜찮다는 평가를 내린다. 지수가 1년간 20% 하락했는데 주식펀드가 10% 떨어졌다면 이 펀드는 10% 포인트 아웃퍼폼한 것이고 매니저는 제법 괜찮은 대접을 받는다.

하지만 A 펀드매니저의 말처럼 투자자 입장은 다르다. 돈을 맡긴 투자자는 증시의 변화와는 관계없이 펀드에 묻은 돈이 해마다 불어나가길 간절히 바란다. 비록 시장 평균보다 10%포인트 아웃퍼폼했을지라도 결국 자산이 10% 줄어든 성적에는 절대 만족하지 않는다.

해마다 플러스 수익을 내기는 매우 어렵다. 10년이라는 긴 시간 동안 해마다 수익을 낸 펀드가 있다면 이는 매우 놀라운 성적이다.

미 경제 전문사이트인 마켓워치는 미국에서 10년 동안 해마다 수익을 낸 '괴력'의 펀드들을 소개했다. 이 괴력펀드들이 지닌 마법

같은 노하우는 뭘까.

2007년 10월 마켓워치가 모닝스타에 의뢰해 조사한 결과 채권과 다른 파생상품에도 투자하는 주식형 펀드 중 10년 동안 해마다 빠짐 없이 수익을 낸 펀드는 10개에 불과했다. 4,929개의 주식형 펀드 중 1997년부터 2006년까지 수익률 기록을 가진 펀드는 1,818개였으며 이중 10개가 '베스트 오브 베스트'에 선정된 것이다. 이 펀드를 운용하는 매니저는 한마디로 '슈퍼스타'라 할 만하다.

2000년 기술주 버블 붕괴 속에서도 흔들림 없이 수익을 냈다. 아무리 힘 있는 '곰'이 세상을 지배해도 지혜롭게 이를 극복했다. 잠깐 손실을 보기도 했지만 1년을 지나고 보면 한푼도 잃지 않았다. 안정적인 수익이 쌓이다 보니 10년 수익률은 대부분 100%를 넘었고, 200%를 넘는 펀드도 있었다.

모닝스타의 크리스틴 벤즈 펀드분석가는 "매우 얻기 힘든 성과다. 펀드매니저들은 자산의 전부를 투자하고 싶은 욕구를 느끼기 마련"이라며 "약세장에서 돈을 잃지 않는다는 것은 쉬운 일이 아니다."라고 말했다.

다음은 10개의 펀드다. 공통점은 자산 배분을 환상적으로 했다는 것이다.

1 _ Rowe Price Capital Appreciation

2 _ ING T. Rowe Price Capital Appreciation

1997년부터 2006년까지 10년간 꾸준히 수익을 낸 펀드들

	올해 수익률	10년 평균 수익률	최초 1만 달러 투자의 현재가
T. Rowe Price Capital Appreciation	8.00%	11.40%	$31,555
ING T. Rowe Price Cap Appr	7.8	11.5	$31,734
Delaware Dividend Income A	4.2	7.6	$26,918
Permanent Portfolio	10	8.8	$22,972
First Eagle Overseas A	10.1	15.6	$43,418
Gabelli ABC	6.8	6.9	$20,080
Evergreen Asset Alloc	9.1	8.8	$25,286
Manning & Napier Pro-Blend Conserv Term A	6.4	6.5	$19,149
Principal Inv SAM Flexible Inc A	5.4	6.2	$18,815
Vanguard LifeStrategy Income	5.8	6.4	$19,581
Standard & Poor's 500 Index	11.4	6.7	$22,447

자료 : 마켓워치

이 두 펀드는 1991년 이후 해마다 플러스 수익을 냈다. 자산의 대부분을 미국 주식과 전환사채(CB)에 투자하는 펀드다. 미 재무부 채권과 현금 등을 적절하게 섞어가며 포트폴리오를 조절했다. 지난해 이 펀드운용팀에 참가한 데이비드 기룩스는 "다양한 자산을 융통성 있게 투자한 결과"라며 "강세장에서는 언더퍼폼할 수 있지만 길게 보면 성적은 언제나 좋았다."고 말했다. 올해 그는 전환사채를 줄이고 재무부 채권을 늘리는 한편 리먼 브러더스 등 위험이 있는 주식 비중은 줄였다. "고객들은 은퇴 후를 대비해 장세 변동과 관계없이 해마다 8~12%의 수익을 얻기를 원한다."고 기룩스는 강조했다.

3 _ Delaware Dividend Income

이 펀드는 채권 소득과 주식투자 이익의 극대화를 위해 투자책임을 주식과 채권 매니저에게 분배했다. 최근 포트폴리오는 자산의 40%를 미국의 대형주에 투자했다. 인텔 버라이즌이 가장 많았다. 20%는 하이일드 채권에 넣었고 15%는 부동산에, 나머지는 전환사채나 우선주 그리고 현금에 분산투자했다.

4 _ Permanent Portfolio(퍼머넌트 포트폴리오 펀드)

이 펀드를 운용하는 마이클 쿠기노는 자산 분배를 극한까지 가져가는 방법을 창안했다. 성장주와 채권, 금, 은, 스위스 프랑, 천연자원 그리고 부동산에 이르기까지 투자자산은 다양하고도 화려했다. 그 결과 1994년 손실을 낸 이후 지금까지 한 번도 마이너스 수익률을 기록하지 않았다. 펀드 이름 그대로 '퍼머넌트 포트폴리오'(영원한 포트폴리오)인 셈이다.

쿠기노는 다국적 기업에 대해 매우 낙관적인 입장을 가지고 있다. 에너지와 소비재가 타깃이다. 셰브론, BHP 빌리톤, 프리포트-맥모란 코퍼&금(FCX)이 3대 톱픽(유망종목)이다. 바이오주도 선호하고 있다. 그러나 너무 편안하지는 않다고 한다. 그는 "안전한 주식이 있다고 생각하지 않는다. 매우 다양한 자산에 투자해 하락 위험을 줄이고 자본 증식을 키우는 수밖에 없다."고 말했다.

5 _ First Eagle Overseas(퍼스트 이글 오버시 펀드)

지난 수년간 미국 밖의 주식이 강세를 보였다. 약 달러는 미국인들에게 해외투자 기회를 제공한 측면도 있다. 이 펀드는 해외투자에서 놀라운 성적을 냈다. 나라 안팎을 오가는 대담한 투자를 통해 높은 수익을 냈다. 매니저인 장 마리 이베일라드는 중형주는 물론 종종 소형주까지 손을 댔다. 신규 투자자는 이 펀드에 가입할 수 없다.

6 _ Gabelli ABC(가벨리 에이비씨 펀드)

A는 아비트리지(Arbitrage, 차익거래), B는 채권(Bond), C는 전환사채(Convertible Bond)의 약자다. 독특한 이름에 걸맞게 수익률 역시 독특하게 안정적이었다. 유명한 가치주 투자자인 마리오 가벨리가 내세우는 대표 펀드다. 인수합병은 물론 기업 분할과 구조조정까지 관심을 갖는다. 다른 투자자와 가벨리 자신이 평가한 기업가치의 차이가 난다는 것을 이용해 수익을 냈다. 기회를 제때 포착하기 위해 자산의 25내지 30%는 현금으로 남겨놓는다. 모닝스타는 "변동성이 매우 낮은 전략을 사용하고 있다."고 평가했다.

7 _ Evergreen Asset Allocation

GMO(Grantham, Mayo, Van Otterloo)로 널리 알려진 펀드 회사는 제레미 그란담이라는 유명한 대표를 두고 있다. 펀드에 투자하는 펀드 오브 펀드다. GMO의 주식과 채권 포트폴리오에 투자하는 것이다.

거대 금융기관이 투자하는 것과 유사하다. 포트폴리오는 미국은 물론 해외주식도 포함한다. 최근 이머징마켓 비중은 10%에 달했다. 미국과 해외 채권 등도 담았다.

8 _ Manning & Napier Pro-Blend Conservative Term

이 펀드 운영사인 매닝&내피어 어드바이서는 지금은 유행이 된 라이크 사이클을 겨냥한 투자의 선구자였다. 은퇴 이후를 주목한 장기 투자에 집중한 것이다. 이 펀드는 같은 개념으로 자산을 선정하고 투자한다. 고수익보다 자산을 보호하는 게 우선이다. 높은 수익률은 두 번째 목표다.

매니저들은 주식과 채권을 오가며 자산을 분배한다. 최근 자산의 3분의 2는 단기 정부채권과 현금에 투자했다. 나머지는 주식을 샀는데, 인터내셔널 게임 테크롤로지, 코카콜라, 보스턴 사이언티틱처럼 운용사만의 독특한 아이디어가 물씬 묻어나는 종목들이었다.

9 _ Principal Investors SAM Flexible Income

SAM은 전략적 자산 운용(strategic asset management)의 약자다. 우선 거대 운용사인 프린시플 파이낸셜 그룹에서 제공하는 주식과 채권형 펀드에 투자한다. 3번째 포트폴리오는 투자등급을 지닌 모기지 증권이었다. 하이일드 펀드와 정부 채권도 있었다. 25%는 미국 주식에 투자했다. 베스트 펀드가 꼭 우량주, 우량 채권에만 투자하는 것은 아니었다.

10 _ Vanguard LifeStrategy Income

뱅가드 그룹은 낮은 펀드수수료와 인덱스펀드 운용으로 유명하다. 이 펀드오브펀드 역시 이 범주를 벗어나지 않는다. 펀드는 지금 뱅가드의 4개 포트폴리오에 투자하고 있다. 50% 정도는 토털 본드 마켓 인덱스펀드에, 25%는 자산 배분 펀드에 넣었다. 20%는 단기투자 등급 펀드에 넣었고 나머지 5%는 토털 스톡 마켓 인덱스펀드에 투입했다. 자산의 30% 이상을 주식에 투자하는 일은 없었다. 다른 펀드들처럼 현금 비중을 효율적으로 가져간 게 좋은 성과를 냈다.

이 10개의 '괴력 펀드'들은 모두 주식, 채권, 파생상품 등에 적절하게 자산을 분산투자하는 전략을 고수했다. 우리 기준으로 볼 때 주식형 펀드라기보다는 주식 채권 혼합형 펀드에 가깝다. 강세장에서 눈에 띄는 고수익을 내는 것도 중요하지만 장기간 투자하는 펀드는 투자위험을 적절히 조절하는 게 더 중요하기 때문이다.

이런 어린이펀드에 주목

● ● ● '어떤 펀드에 가입해야 하나…….'

모처럼 큰마음을 먹고 자녀들을 위해 어린이펀드에 가입하려고 해도 어떤 펀드를 골라야 할지가 고민이다. 신문이나 TV에 나오는 광고를 보면 모두 자기 회사의 펀드가 낫다고 주장할 뿐이어서 선택에 도움이 되지 못하는 실정이다. 모든 펀드는 각자의 운용 철학과 목표수익률이 있다. 은행이나 증권회사에 가서 어린이펀드에 가입하려고 할 때 선택에 도움이 될 수 있도록 대표적인 어린이펀드를 소개한다.

1 _ 삼성투신운용 '착한아이예쁜아이펀드'

'삼성착한아이예쁜아이펀드' 는 삼성투신운용의 대표적인 어린이펀드다. 이 펀드는 2006년 9월 11일에 설정된 펀드로, 2007년 12월 14일 기준으로 1년 수익률이 49%를 웃돌고 있다(한국펀드평가 제공).

이 펀드의 운용은 '삼성 우량주 장기투자 펀드' 의 투자운용 방식과 유사하게 운용되며 시가총액 상위 200위 이내의 종목만을 대상으로 투자한다. 투자 종목수는 30개 이내로 제한한다. 대형 우량주만 편입하기 때문에 대형주들이 상승세를 나타낸 2007년 3분기, 주식형 펀드 수익률 최상위에 오르는 등 높은 성과를 냈다.

이 펀드를 운용하는 삼성투신운용의 김용범 펀드매니저는 "주식형 펀드지만 대형우량주를 골라 투자하기 때문에 장기적으로 안정적인 성과를 내는 데 좀더 유리하다."고 설명했다.

삼성착한아이예쁜아이펀드가 다른 펀드들과 다른 점은, 무엇보다 어린이들의 눈높이에 맞게 제작한 '어린이용 운용보고서' 를 제공한다는 점이다. 펀드는 보통 분기별로 펀드 운용보고서를 투자자들에게 보낸다. 이 펀드가 어떻게 운용되고 있는지, 어떤 종목에 얼마만큼 투자하고 있는지를 설명한 보고서다.

운용보고서를 보면 내 펀드가 왜 수익이 났는지, 아니면 왜 손실이 났는지를 알 수 있다. 펀드매니저가 보고서를 통해 상세하고 친절하게 운용내역을 설명하는 것은 투자자에 대한 책임이자 일종의 배려다. 하지만 어른들도 펀드 운용보고서를 보고 한눈에 쉽게 이해하기는 어렵다. 특히 숫자를 싫어하고 경제용어가 생소한 사람들에겐 더욱 그렇다. 이런 운용보고서를 어린이들도 이해하기 쉽게 풀어써서 보내준다는 얘기다.

어린이용 운용보고서의 장점은, 아이들이 펀드에 관심을 갖게 하는 도구가 될 수 있다는 것이다. 부모와 함께 "내 펀드가 어디에 투자하고 있는지"를 공부할 수 있는 학습서가 될 수 있다. 운용보고서를 읽는 것만큼 실용적이고 알찬 경제교육도 없을 것이다.

이외에도 추첨을 통한 혜택이 있다. 추첨을 통해 뽑힌 어린이들은 각종 어린이 경제교실과 영어마을 체험 등 다양한 프로그램에 참여할 수 있다. 또 상품에 가입하기 전에 '재무 시뮬레이션'을 통해 교육자금 마련을 위한 구체적인 투자계획을 세워볼 수도 있다.

이 펀드는 수수료 체계가 다른 클래스A와 클래스C 두 종류로 판매된다. 클래스A형은 선취수수료 1%에 연 1.33%를 보수로 부과하며, 클래스C형은 선취수수료 없이 연 2.13%를 내야 한다. 장기로 투

자를 계획하는 경우 선취수수료를 낸 뒤 낮은 보수를 내는 클래스A
가 유리하다.

2 _ 미래에셋자산운용 '우리아이펀드'

미래에셋자산운용의 어린이펀드는 국내 어린이펀드 중 수탁액 규모
가 가장 크다. '미래에셋 우리아이 3억 만들기 G1호'와 '미래에셋
우리아이 적립형G K-1호', '미래에셋 우리아이 친디아 업종 대표
펀드'의 수탁액은 모두 9,082억 원(2007년 12월 14일 기준)에 이른다.

　이중 미래에셋 우리아이 3억 만들기 G1호와 미래에셋 우리아이
적립형G K-1호는 국내 주식형 펀드로, 2005년 4월에 설정됐다. 주
로 국내 주식에 투자하는 펀드이기는 하지만 해외주식에도 투자할
수 있다. 펀드명에 G가 붙은 미래에셋G 시리즈 펀드는 전체 자산
중 40% 이하를 해외주식이나 해외수익증권에 투자할 수 있도록 한
펀드들이다. 이중 미래에셋 우리아이 적립형G K-1호는 옛 미래에
셋투신운용에서 운용했던 국민은행 전용 펀드다.

　2007년 4월에 설정된 미래에셋 우리아이 친디아 업종 대표 펀드
는 이름 그대로 중국과 인도 지역의 주식에 투자하는 '해외 주식형
어린이펀드'로, 중국에 66%, 인도에 33% 정도 투자하고 있다.

　장기적인 투자관점에서 국내자산뿐 아니라 해외자산에도 분산투
자하는 게 바람직하다고 볼 때 고려해볼 만한 펀드다. 국내에는 아
직 어린이펀드 중에서 '해외투자형' 펀드가 거의 없기 때문이다.

미래에셋자산운용은 성장형 주식에 비교적 공격적으로 투자하는 운용스타일이 특징이다. 어린이펀드도 국내 주식뿐 아니라 해외 주식에도 적극적으로 투자하도록 하기 때문에 전 세계 증시가 높은 성장세를 나타낸 2007년의 경우 성과가 높은 편이다.

미래에셋자산운용과 펀드평가사 제로인에 따르면 2007년 12월 14일을 기준으로 미래에셋 우리아이 3억 만들기 G1호의 최근 6개월 수익률은 21%, 설정이후(약 1년 8개월) 수익률은 143%에 육박한다.

미래에셋 우리아이 적립형G K-1호 펀드도 최근 6개월 수익률 19%, 설정이후 수익률 130%에 이르며, 중국, 인도 등 이머징마켓에 투자하는 미래에셋 우리아이 친디아 업종대표는 2007년 4월 설정된 이후 약 8개월 누적 수익률이 68%에 이른다.

이 기간 중국과 인도 증시가 급등한 데 따라 펀드 성과도 높게 나타났다. 하지만 중국, 인도 모두 변동성이 높은 이머징마켓이므로, 장기적으로 볼 때 수익률 등락이 클 수 있어 투자 시 자산을 배분하는 데 신중해야 한다. 국내 투자펀드 중 주식형이나 채권혼합형 펀드와 함께 투자하는 게 바람직하다.

미래에셋에서는 어린이펀드에 가입한 고객을 대상으로 '어린이 해외 경제 캠프'를 연다. 연중 2회씩 실시하며 매 회당 500여 명 규모로 진행한다.

2006~2007년에 실시된 어린이 캠프에서는 2박 3일 일정으로 중국의 대학을 탐방하기도 했고, 포스코 등 펀드에서 투자하는 기업의

2007년 12월 기준 어린이펀드 수익률 현황(주식형 펀드)

펀드명	운용사	설정일	수탁액	3개월	6개월	1년	2년	연초대비
Tops엄마사랑어린이적립식주식1	SH	2005-05-03	1,065	4.52	18.96	59.32	72.29	52.24
하나UBS가족사랑짱적립식주식K-1	하나UBS	2003-12-29	395	7.36	19.81	55.08	65.35	49.00
KB캥거루적립식주식	KB	2006-05-03	650	9.91	19.23	55.13		48.87
농협CA아이사랑적립주식1	NHCA	2005-05-02	1,010	-0.10	12.28	51.29	48.23	45.60
삼성착한아이예쁜아이주식종류형1-A	삼성	2006-09-11	142	11.35	22.29	49.12		42.87
미래에셋우리아이적립형주식GK-1	미래에셋	2005-04-22	2,984	7.10	18.97	48.83	59.04	42.39
KB사과나무주식1	KB	2005-05-23	24	12.15	20.41	49.39	40.54	42.31
삼성착한아이예쁜아이주식종류형1-C	삼성	2006-09-11	217	11.13	21.81	48.01		41.87
에듀케어학자금주식	SEI에셋	2005-04-15	15	9.19	17.72	46.57	56.31	39.77
주니어경제박사주식	신영	2005-04-27	29	-1.60	13.07	42.32	40.04	36.69
대신꿈나무적립주식1ClassC1	대신	2004-07-20	230	7.11	15.06	42.17	57.26	35.57
대신꿈나무적립주식1(ClassA)	대신	2006-12-12	77	6.89	14.57	40.97		34.50
대신꿈나무적립주식1ClassC2	대신	2006-10-24	147	6.74	14.27	40.26		33.86
우리쥬니어네이버적립주식1	우리CS	2005-08-17	812	2.05	10.44	39.54	48.97	32.95
미래에셋우리아이3억만들기주식G1	미래에셋	2005-04-01	5,960	9.26	21.03	49.4	59.7	42.37
미래에셋우리아이친디아업종대표주식	미래에셋	2007-04-16	138	19.61	54.72			

기준일 : 2007년 12월 14일, 단위 : 억 원, % 자료 : 한국펀드평가
연초이후 수익률 순
미래에셋우리아이3억만들기주식G1, 친디아업종대표주식은 해외투자펀드

현지 공장을 방문했다. 또 관광하는 중 '경제 미션 수행하기' 등의 프로그램을 진행했다.

미래에셋은 매주 토요일 어린이 주말경제교실을 2시간씩 진행한다. 또 2007년 6월부터는 영유아들을 대상으로 한 '짐보리' 교육 프로그램도 제공한다. 짐보리는 만 0세부터 5세까지 영유아들에게 글로벌 놀이교육 프로그램을 연령대에 맞게 제공하도로 한다. 또 어린이에게 경제관념을 심어줄 수 있는 경제사이트를 운영하면서 '눈높이 운용보고서'를 분기별로 보내고 있다.

이 모든 비용은 펀드의 보수로 처리된다. 펀드의 판매보수와 운용보수의 15%를 어린이 발전기금에 적립, 운용하도록 한다.

3 _ NH-CA자산운용 '아이사랑펀드'

'농협CA 아이사랑적립주식'은 농협의 계열사인 NH-CA자산운용의 대표 국내 주식형 상품으로 2005년 5월 2일에 설정됐다. 농협CA 아이사랑적립주식1 펀드의 2007년 12월 현재 수탁액 규모는 1,300억 원으로, 국내 어린이펀드 중에서는 규모가 적지 않은 편이다.

NH-CA자산운용의 마케팅 담당자는 "어린이펀드이지만 최근에는 연령에 관계없이 많은 투자자들이 이 상품에 가입하고 있다."며 "가장 큰 이유는 일반 펀드보다 높은 수익률 때문"이라고 말했다. 2007년 8월, 미국발 비우량 주택담보대출(서브프라임 모기지) 사태로 국내 주식시장이 요동쳤음에도 불구하고, 이 펀드는 하락장에서는 양호한 방어율을 상승장에서는 보다 높은 수익률을 거뒀다. 한국펀드평가에 따르면 2007년 12월 14일 기준으로 이 펀드의 최근 6개월 수익률이 12.28%를 기록했으며 또 1년 수익률은 51.29%로 국내 주식형 펀드 중에서 꾸준히 상위에 오르고 있다.

이 펀드의 운용을 담당하고 있는 김성욱 펀드매니저는 "이 펀드는 우리·자녀들의 미래에 큰 도움이 되어야 하는 상품이므로 운용에 한 번 더 신경을 쓸 수밖에 없다."며 "펀드 운용에 있어 자산배분보다는 종목 발굴에 초점을 두고 있으며, 이익성장률이 시장평균보다 높으면서 수익가치보다 저평가된 기업, 주가가 순자산가치를 밑돌면서 자기자본이익이 상승하는 기업 등 두 원칙에 따라 종목을 선정하고 있다."고 설명했다. 부가서비스로는 어린이 경제교육, 팜스테이, 해외 금융기관 및 대학방문 등을 제공하고 있다.

4 _ SH자산운용 'Tops엄마사랑어린이적립식펀드'

'Tops 엄마사랑 어린이 적립식 주식투자신탁'은 자녀들의 교육, 유학, 결혼준비자금을 위해 장기적인 계획을 세우고 있는 부모님들을 위한 어린이펀드이다. 이 펀드는 지난 2005년 5월 3일 SH자산운용에서 설정했다. 성장성과 안정성을 갖춘 장기 우량 가치주에 집중적으로 투자해 장기적으로 시장대비 초과수익을 추구한다.

투자자금의 90% 이상을 저평가된 우량주식에 투자하는 주식형 상품으로, 'Tops 엄마사랑 어린이펀드'는 기업의 성장성보다는 내

재가치에 투자하는 펀드다. 일반 성장형 주식펀드보다는 가치주 펀드에 가까운 셈이다. 수익률을 살펴보아도 2007년 12월 14일을 기준으로 연초대비 수익률이 52.24%로, 국내 주식형 어린이펀드 가운데 가장 높다.

또 3개월 수익률 4.52%, 6개월 수익률 18.96%로 변동성이 컸던 2007년 하반기 주식시장에서도 우수한 성적을 올리고 있다(자료 : 한국펀드평가 제공). 수탁액은 1,065억 원 정도이다.

펀드보수는 총 연 2.33% 수준이다. 이 상품을 판매한 펀드판매수수료로 거둔 수익의 일부는 어린이경제교육 후원기금으로 활용된다. 가입자인 자녀들에게 경제관념을 길러줄 수 있도록 매주 한 번씩 경제레터를 보내준다. 또 한달에 한번씩 어린이 눈높이에 맞춘 월간 운용보고서를 제공해 자녀들이 경제와 금융에 좀더 흥미를 가질 수 있도록 도와준다. 이밖에도 추첨을 통해 어린이 경제캠프에 참가할 기회를 제공하는 등 각종 이벤트를 마련하고 있다.

가입금액에 별도 제한이 없어 자녀들의 적은 용돈으로도 충분히 투자가 가능하다. 굿모닝신한증권의 WM부 김성태 부장은 "주민등록증이 없는 어린이와 청소년은 펀드에 직접 가입할 수 없기 때문에 부모나 보호자와 함께 주민등록등본을 갖고 가야 어린이 명의로 된 계좌를 만들 수 있다."고 설명했다.

김성태 부장은 "Tops 엄마사랑 어린이 적립식펀드'는 장기적 안목에서 저평가된 우량주식에 투자하여 고객 자녀들의 교육비 또는 결혼준비자금 마련에 도움이 될 상품"이라며 "가입고객을 위해 개최되는 경제교육, 캠프 등을 통해 자녀들이 금융, 경제지식을 생활 속에서 자연스럽게 체험하는 계기가 될 수 있어 금상첨화"라고 말했다.

5 _ 우리CS자산운용 '우리쥬니어네이버적립식주식펀드'

우리CS자산운용의 어린이펀드인 '우리쥬니어네이버적립식주식펀드'는 차별화된 가치투자 펀드를 지향한다. 이 펀드의 기본 운용목표는 기업의 재무구조, 미래가치 및 기업가치 분석을 통한 가치주 중심의 장기적인 투자를 통해 시장지수대비 초과수익을 내는 것이다.

우리CS자산운용은 외국계 크레딧스위스CS와 합작사로, 해외투자펀드, 자원개발펀드 등을 발굴하면서 어린이펀드 개발에도 관심을 가져왔다. 우리CS자산운용 관계자는 "차세대 주니어Junior를 대상으로 한 장기 적립식펀드 투자 활성화로 부모에게는 장기 적립식 투자의 기회를 제공하고 실질 펀드 가입자인 주니어들에게는 금융 마인드를 심어줘 미래의 잠재고객을 확보하고자 한다.”고 말했다.

가치주 투자스타일이지만 기존의 가치주펀드와는 ‘다르다’는 게 이 펀드의 컨셉이다. 우리쥬니어네이버적립식주식펀드가 강조하는 ‘W-VALUE 가치투자’는 바텀업Bottom-up 방식으로 접근해 철저하게 종목과 산업을 분석하는 한편, 시장 타이밍 등을 보고 투자하는 것을 지양한다는 투자방식이다. 또 목표주가에 도달할 경우 해당 종목의 편입비중을 줄임으로써 철저하게 종목 분석 위주로 목표가를 산정하고 매매한다는 설명이다.

기존의 가치투자 펀드가 재무제표의 우량도를 중심으로 종목을 선택한다면 이 펀드는 인터뷰 방식에 따라 질적인 분석을 시도한다. 기업의 질적 요인 중 특히 경영자, 미래 경영전략, 인사제도, 마케팅 조직 등에 가점 부가해 지속적으로 가치를 유지할 수 있는 기업에 투자한다.

우리CS자산운용 관계자는 “기존 가치투자 방식은 가치주의 초기 투자시기를 놓치고 급변하는 환경 변화에 빠르게 따라가지 못한다는 단점이 있다.”며 “‘W-VALUE 가치투자’는 가치주를 초기에 발굴해 보다 높은 수익을 올릴 수 있다.”고 말했다.

우선 1~3년 정도 중기적으로 보유할 종목을 20~60% 가량 투자하고 3년 이상 장기보유할 종목은 20~60% 비중으로 맞춘다. 또 안정적인 이자수익 확보를 위해 5~40%까지는 채권 및 부동산에 투자할 수 있다.

이 펀드는 지난 2005년 8월 17일에 설정, 현재(2007년 12월 14일 기준) 수탁액 규모가 812억 원에 이른다. 수익률은 2007년 12월 14일 기준으로 연초대비 32.95%에 이르며 1년 수익률 40%, 2년 누적수익률이 49%에 달하고 있다. 총보수는 연 2.26% 수준이다(자료: 한국펀드평가 제공).

우리CS자산운용은 포털사이트 네이버와 함께 '주니어네이버'를 통해 금융교육 프로그램을 제공한다. 펀드 퀴즈를 진행하고 생활경제 수기를 공모한다. 또 아이비리그 꿈나무 금융 경제캠프를 진행하며 펀드매니저와 함께 '꼬마주주 기업방문' 이라는 탐방 프로그램도 실시한다.

6 _ 대신투자신탁운용 '대신꿈나무주식형펀드'

대신증권이 판매하는 '대신꿈나무주식형펀드' 는 대신투자신탁운용이 운용하는 어린이펀드다. 장기투자를 통해 목돈을 마련하거나 상급학교에 진학할 자녀들의 학자금 명목으로 자녀명의의 통장을 만들어주고자 하는 고객들을 겨냥한 성장형 펀드이다.

중장기적으로 안정적인 성장과 실적을 낼 수 있는 국내 대표 우량기업 위주로 포트폴리오를 구성하며 특히, 기업의 지배구조 개선을 통해 높은 수익을 낼 수 있는 종목과 배당 수익이 높은 종목에 투자한다.

주식에 60% 이상을 투자하도록 하고 있으며 2004년부터 대신증권 리서치센터의 강세장 예견에 따라 주식에 집중적으로 투자하고 있다.

이 펀드는 지난 2004년 7월 20일에 설정돼 어린이펀드 중에서는 운용 기간이 긴 편이다. 한국펀드평가에 따르면 2007년 12월 14일 기준으로 2년 누적수익률이 57%, 1년 투적수익률 42%에 이른다. 또 최근 3개월 수익률 7.11%, 6개월 수익률 14.57%의 성과를 냈다 (자료: 한국펀드평가 제공). 현재 수탁액은 클래스 A, C1, C2를 합해 454억 원 정도이다.

상품 가입은 개인·법인 모두 가능하며 가입금액은 적립식의 경우 최초 가입시 최소 10만 원 이상으로 하며 이후 금액에 상관없이 자유적립이 가능하다. 상품 가입 후 90일 이후에 해지할 경우 환매수수료는 없다. (단 Class A형은 90일 이내 해지해도 환매수수료가 없음.)

대신증권의 노승범 WM지원부장은 "고객들이 이제는 주식 직접 투자에 따른 대박 환상을 접고 전문가에게 자산운용을 맡기는 간접투자를 선호하고 있다."며 "꿈나무 주식형 펀드는 운용과정의 투명성과 안정성을 높인 적립식 상품이어서 장기 목돈마련에 적합하다."고 설명했다.

그는 또 "사교육비가 증가하는 가운데 덩달아 학자금도 비싸지고 있어 지금부터라도 펀드를 활용해 종자돈을 마련해야 한다."고 강조했다.

7 _ 신영투신운용 '신영주니어경제박사펀드'

신영투신운용이 운용하는 '신영주니어경제박사펀드'는 지난 2005년 4월 27일에 설정됐다. 배당수익률이 높은 종목과 저평가된 우량 가치주 중심으로 투자해 금리 이상의 수익률을 안정적으로 내는 것을 운용 목표로 한다. 신영투신운용은 '신영마라톤펀드'를 비롯해 가치주 투자, 배당주 투자 펀드로 성장해온 운용사다.

신영주니어경제박사펀드는 분기별로 어린이 눈높이에 맞춘 운용 보고서를 보내준다. 순자산, 부채, 수수료 등 기초적인 단어부터 어린이들이 알아듣기 쉽게 설명해준다. 포트폴리오를 '투자바구니'라고 표현하거나 주로 투자하는 종목에 대해서도 알기 쉽게 풀어준다. 이 펀드는 70개 가량의 주식에 투자하고 있다.

예를 들어 광동제약을 "감기 걸렸을 때 먹는 쌍화탕과 비타500을 만드는 회사"라고 표현하거나 오리온을 "여러분이 좋아하는 초코파이, 치토스 등 과자류를 만드는 회사"라고 설명하는 식이다. 펀드 수익률이 왜 떨어졌는지, 또 어떻게 회복되고 있는지의 과정을 상세히 알려주는가 하면 앞으로 경제 전망까지 짚어준다.

신영주니어경제박사주식펀드는 2007년 12월 14일 현재 1년 누적 수익률 42%, 2년 누적 수익률 40%를 기록하고 있다. 펀드 수탁액 규모는 29억 원 정도로, 어린이펀드 중에서도 적은 편이다(자료: 한국펀드평가 제공).

8 _ 하나UBS자산운용 '가족사랑짱적립식펀드'

하나대투증권은 펀드의 수익성과 연령별 맞춤보험을 통해 보장성을
강화한 '가족사랑 짱' 적립식펀드를 개발해 판매하고 있다. 이 펀드
는 어린이펀드라기보다는 어린이부터 노후대책까지 '가족'을 위한
맞춤펀드다. 운용은 하나UBS자산운용에서 맡는다.

이 상품은 연령대별 라이프사이클에 따라 성장주식형(주식 60% 이
상), 주식혼합형(주식 60% 이하), 안정혼합형(주식 30% 이하)의 세 가
지 유형으로 구성된다. 목표금액을 1억 원 한도로 지정해 월정액 적
립식으로 월 10만 원 이상 만 원 단위로 가입할 수 있다.

'하나UBS가족사랑짱적립식주식K-1' 펀드의 특징은 보험혜택이
다. 펀드가입 시 부여되는 보험혜택은 목표금액 보장형 상해보험(가
입자가 상해 사망이나 고도 후유장애 발생 시 목표금액과 전월 말 납입평
가액의 차액을 보험금으로 지급)을 기본으로, 가입자의 연령에 따른 추
가보험 혜택이 주어진다.

만 4세까지는 유아플랜의 자녀안심보험과 목표금액보장형 상해
보험혜택이 주어지며, 5세~18세까지는 학생플랜의 자녀안심보험과
목표금액보장형 상해보험 서비스가 제공된다.

또 19세에서 60세까지는 목표금액보장형 상해보험에 질병사망
담보가 추가되고, 61세부터 70세까지는 목표금액보장형 상해보험

서비스가 제공된다. 목표금액보장형 보험금이란 투자자가 설정한 투자목표금액에서 사고 시까지 적립한 평가금액의 차액을 말한다.

'하나UBS가족사랑짱적립식주식K-1' 펀드는 2003년 12월 29일에 설정됐으며 2007년 12월 14일 현재 수탁액이 395억 원에 이른다. 펀드 수익률은 2007년 12월 14일 기준 1년 누적수익률이 55%, 2년 수익률이 65% 수준으로 높은 편이다(자료: 한국펀드평가 제공).

하나대투증권은 인터넷용 어린이펀드인 'i-사랑 적립식펀드'도 판매한다. 'i-사랑 적립식펀드'는 인터넷internet과 아이사랑이란 의미를 함축시킨 말로, 주식에 50%, 국공채 및 우량회사채에 50% 수준을 투자하는 혼합형 펀드이다. 이 상품은 보수가 일반 적립식펀드보다 낮은 1.2% 수준으로 장기투자하는 데 유리하다.

어린이펀드 고를 때 수수료를 따져보라

● ● ● 어린이펀드의 보수는 일반 주식형 펀드와 비교할 때 낮은 편이다. 어린이 주식형 펀드의 보수는 2.0% 수준으로, 주식 성장형 펀드의 평균 보수인 2.4%보다는 낮다.

하지만 어린이펀드는 특성상 초장기로 투자하게 되며 교육비를 마련하고 어린이 경제교육을 겸한다는 점에서 공익, 복지 측면의 성격이 짙다. 따라서 현재 수준보다 보수를 낮추거나 또는 투자기간이 길어짐에 따라 보수를 점차 깎아주는 구조로 투자자들을 배려할 필요가 있다. 적은 비용이라도 투자기간이 길어질수록 누적수익률에 미치는 영향이 크기 때문이다.

국내 어린이펀드의 종류는 2007년 6월 현재 19개뿐이다. 매일 새로운 기법의 주식형 펀드와 섹터펀드, 각종 해외펀드가 쏟아지고 있는 점을 감안할 때 매우 미미한 수준이다. 게다가 수탁액 규모도 1,000억 원 이하인 펀드가 대부분일 정도로 매우 작다.

모 대형운용사의 마케팅 담당자는 "솔직히 운용사에서는 어린이펀드를 굳이 키우려고 하지 않습니다. 돈이 되지 않기 때문이죠. 보수도 일반펀드보다 싼 데다 보수 수익의 일부로 어린이 캠프, 경제교육 등을 운영하려면 별로 남는 게 없습니다."라고 말했다.

그럼에도 현재 어린이펀드의 보수는 일반펀드와 비교할 때 더 낮아질 필요가 있다. 투자기간을 감안할 때 최소한 인덱스펀드(1~1.8%) 수준만큼 낮아져야 한다는 게 전문가들의 지적이다. 2008년 '어린이펀드 세제혜택' 개정안이 국회에서 통과될 경우 펀드 보수 인하 역시 활발하게 이뤄질 것으로 기대해본다.

 우리 아이 종자돈 1억 만들기

어린이펀드 수익률 및 총보수

운용사	펀드명	설정일	펀드규모 (억 원)	수익률(%)					총보수 (%)	기타 (주요 부대서비스)
				1개월	5개월	1년	2년	3년		
미래에셋자산	미래에셋우리아이3억만들기주식G-1	05-04-01	3,916	8.2	13.8	10.6	83.1	–	2.1	경제교실
미래에셋자산	미래에셋우리아이적립형주식GK-1	05-04-22	1,818	6.3	10.2	6.7	–	–	2.1	분기 상해연수캠프
KB운용	KB캥거루적립식주식	06-05-03	390	7.5	12.9	–	–	–	2.0	영어마을캠프체험
우리CS운용	우리쥬니어네이버적립주식1	05-08-17	354	6.3	15.9	7.0	–	–	2.3	어린이 경제캠프
SH운용	Tops엄마사랑어린이적립식주식1	05-05-03	343	8.3	19.4	15.1	–	–	2.3	어린이 경제캠프
농협CA운용	농협CA아이사랑적립주식1	05-05-02	317	8.8	14.4	8.4	–	–	2.3	아시아지역 견학, 대학 견학
대신운용	대신꿈나무적립주식1ClassC1	04-07-20	179	6.0	11.2	7.1	88.0	–	0.7	꿈나무 경제교실 개최
삼성운용	삼성착한아이예쁜아이주식종류형1-C클래스	06-09-11	134	8.3	12.0	–	–	–	2.1	영어 체험 교육 및 명 문대 견학
	삼성착한아이예쁜아이주식종류형1-A클래스	06-09-11	74	8.3	12.5	–	–	–	1.3	
대투운용	대한황금돼지적립식주식ClassC	99-06-30	60	8.7	11.3	9.2	66.8	65.6	2.5	유학 가이드 및 유학관 련정보 제공
대신운용	대신꿈나무적립주식1ClassC2	06-10-24	37	5.9	–	–	–	–	2.2	어린이상해보험 가입
신용운용	주니어경제박사주식	05-04-27	22	8.7	15.2	4.9	–	–	2.3	어린이상해보험 가입
SEI에셋운용	에듀케어학자금주식	05-04-15	15	6.8	13.5	8.1	65.2	–	2.5	만화운용보고서 제공

(계속)

운용사	펀드명	설정일	규모							비고
KB운용	KB사과나무주식1	05-05-23	14	5.6	12.7	4.1	–	–	2.5	어린이상해보험 가입
대신운용	대신꿈나무적립주식1(ClassA)	06-12-12	13	6.0	–	–	–	–	1.6	어린이상해보험 가입
평균			7,686	7.3	13.4	8.1	75.7	65.6	2.0	
BM(KOSPI)				7.3	12.9	6.9	61.7	70.4	2.4	
KTB운용	에듀케어학자금주식혼합	05-02-17	13	3.8	9.8	8.6	29.7	–	2.3	
대투운용	클래서원i-사랑적립식혼합1	05-04-01	201	4.5	6.9	7.4	39.2	–	1.2	
KTB운용	에듀케어학자금채권혼합	05-02-17	6	2.4	4.7	4.3	16.4	–	2.0	
KB운용	KB사과나무채권1	03-04-21	43	0.1	1.1	3.4	4.0	9.5	1.4	

자료 : 제로인, 자산운용협회, 굿모닝신한증권
기준일 : 2007년 4월 16일

국내 어린이펀드 운용상의 문제점

● ● ● ● 어린이펀드가 고수익을 위해 중소형 종목을 단기매매하는 방식으로 운용된다면 어떻게 될까. 장기적으로 안정적인 성과를 내기도 어렵겠지만, 투자하는 기업이 어린이가 채 자라기도 전에 사라질 수도 있다.

국내 어린이펀드의 경우 대다수가 주식형 펀드를 장기 적립하는 형태로 투자되고 있다. 어린이펀드는 일반 주식형 펀드보다도 장기로 운용되어야 하며, 투자하는 종목도 어린이가 성장할 때까지 기업이 없어지지 않고 함께 성장할 수 있는 안정적이고 성장성도 높은 종목이어야 한다.

따라서 어린이펀드를 운용할 때는 일반 주식형 펀드보다 '장기적인 관점에서 일관된 운용전략과 분명한 운용 철학'이 따라야 할 것이다.

그렇다면 국내 어린이펀드들은 어떠한 종목에 투자하고 있으며 어떤 운용전략을 갖고 있을까. 국내 어린이펀드의 운용전략은 대부분 저PER(주가수익배율) 저PBR(주가순자산배율) 종목 및 저평가 종목 발굴을 통한 가치투자를 지향한다. 쉽게 말해 자산가치가 충분하고 안정적으로 수익을 내는 기업 중에서 아직 비싸게 팔리지 않는 종목을 찾아 오랜 기간 투자한다는 이야기다.

하지만 한국펀드평가와 제로인 등 국내 펀드평가사의 자료에 따르면 투자스타일 분류상 국내 어린이펀드 수탁액 규모 상위 7개 펀드 중 대다수가 대형 성장형과 혼합형에 집중돼 있는 것으로 나타났다. 가치형과 성장형의 구분이 뚜렷하지 않은 혼합형으로 분류되고 있기 때문에 투자스타일 상 일반 주식형 펀드와 별반 다를 바가 없는 셈이다. 사실 환매 기준이나 운용스타일은 크게 차이나지 않으며 증여세 면제도 일반펀드와 동일하다. 펀드별로 다소 차이가 있지만 어린이상해보험 가입, 경제·금융 교육, 어린이용 운용보고서 제공, 경제캠프 등의 부가서비스에 차별성을 갖고 있을 뿐이다.

펀드 내 종목 비중으로 볼 때 대부분의 어린이펀드는 가치투자를 하고 있는 것을 알 수 있다. 어린이펀드는 가치형 종목이 일반성장형 펀드 30.7%보다 높은 35.0%를 점유하고 있으며, 펀드도 7개 펀드 중 4개 펀드가 가치주 비중이 높다. 또한 일반 성장형 펀드보다 대형주와 소형주의 비중은 비슷하고, 중형주의 비중이 보다 높게 편입돼 있다. 대형주는 가치형 성격을 가진 종목이 그리 많지 않은 점을 감안할 때, 국내 어린이펀드는 장기적으로 가치투자를 추구하는 성격에 가깝다고 볼 수 있다.

수탁액 상위 5개 펀드의 종목 분포를 보면 삼성전자 비중이 7.7%로 가장 높으며, 다음으로는 현대차와 하이닉스가 각각 3.7%와 3.6%로 비중이 높다(2007년 4월 기준). 그러나 나머지 종목들은 각각 2% 미만으로 대형주를 포함한 중소형주에 고르게 투자되고 있다. 또한, 국내 어린이펀드 중 특이한 점은 대부분의 펀드가 국내주식에 투자하고 있는 반면 '미래에셋우리3억만들기' 펀드의 경우에는 '미래에셋차이나어드밴티지1'을 비롯한 3개의 펀드가 국내 주식 및 해외 주식에 고르게 투자하고 있다는 점이다.

외국에서는 어린이펀드가 어떻게 운용되고 있을까? 주식형이 대부분인 국내 어린이펀드에 비해 외국의 경우 선택의 폭이 훨씬 더 넓은 편이다. 미국과 영국의 주요 어린이펀드의 경우 같은 주식형 펀드라도 윤리 및 사회적 책임(SRI) 기업을 테마로 하는 철학을 갖고 있거나 성장, 가치형 및 해외 주식형 펀드 등 운용사별로 장기투자에 적합한 다양한 펀드를 구비해 놓고 있다.

미국의 콜럼비아 매니지먼트Columbia Management의 경우 어린이를 위한 일관된 철학을 가지고 운용되고 있다. 주로 어린이가 좋아하는 기업에 주로 투자하며, 주가상승 가능성이 아무리 높더라도 담배, 군수, 도박 등의 산업에는 투자하지 않아 부모와 함께 자녀가 성장하면서 기업을 연구하고 이해하는 데 도움을 주고 있다.

한 시점에 맞추어 포트폴리오 배분이 이루어지는 옵션 선택을 할 수 있는 등 투자자들의 선택의 폭이 굉장히 넓다. 따라서 향후 국내 어린이펀드의 본격적인 성장을 위해서는 미국과 영국의 어린이펀드와 같은 장기투자에 적합한 운용전략 및 철학 수립, 투자 펀드의 다양화, 자산배분 프로그램 개발 등을 개선하고 보완할 필요가 있다.

펀드에 만족할 수 없을 때
직접투자하라

코스피지수가 2007년 10월 말에 2,064.8까지 올랐다. 연초에 비해선 53%나 급등했다. 종목에 따라선 2배는 물론 3배 이상 오른 주식도 적지 않다. 포스코, 현대중공업, 미래에셋증권 등과 같은 대형 우량주가 2배 이상 오르며 상승장을 주도했다. 과거에는 코스닥시장의 소형주가 뜀뛰기 장세의 주인공이었다. 하지만 주식형 펀드가 장세를 주도하면서 펀드를 운용하는 기관투자가들의 입맛에 맞는 주식의 주가가 상대적으로 많이 올랐다. 코스피지수가 1,000 아래에 있던 것과 주식시장의 질이 근본적으로 바뀐 것이다.

주가가 급등하면서 주식형 펀드 수익률도 고공행진을 하고 있다. 하지만 직접 주식투자를 할 경우 더 높은 수익률을 낼 수 있을 것이라고 생각하는 투자자들도 적지 않다. 실제로 2007년 들어 100% 넘는 수익률을 기록하고 있는 개인투자자들도 수두룩하다. 주식형 펀드에 만족하지 못하는 사람도 나오고 있는 상황이다. 직접투자에 나서면 수익을 더 낼 수 있을 것이고, 보다 높은 수익을 내면 우리 아이가 20대 중반이 되었을 때 1억 원을 만들어 주는 것이 훨씬 쉬울 것이라고 생각하는 사람도 적지 않다.

하지만 코스피지수가 이처럼 급등하고 2배 이상 오른 종목이 수두룩하지만 개인들의 투자 성적표는 초라하기만 하다. 개인투자자 가운데에서도 수십 억에서 수백 억 원에 이르는 큰돈을 버는 사람도 있지만 그런 성공적인 투자자들은 가뭄에 콩 나듯 드물다. 100명 중 한두 명에 불과하다. 나머지 개인들은 엄청난 활황장에서도 이익을 조금밖에 내지 못하거나 오히려 손해를 입는 사람도 적지 않다. 손해를 볼 경우엔 '우리 아이 1억 원 종자돈 만들어 주기'는 실패할 수밖에 없다. 주식투자로 돈을 잃는 것도 원통한 일이지만, 우리 아이의 인생을 위한 준비를 해주지 못한다는 것은 더욱 가슴 아픈 일이다.

주식투자는 돈 벌겠다는 욕심이나 희망으로 성공하는 것이 아니다. 끊임없는 공부와 끈질긴 승부사의 기질이 있어야 이길 수 있는 게임이다. 그럴 노력과 자신이 없는 사람은 직접투자는 아예 하지 않는 게 낫다. 전문가가 운용하는 펀드에 맡기고, 자신은 직장생활이나 생업을 충실히 하는 것이 훨씬 우월한 투자방법이다.

'우리 아이 1억 만들기'를 주제로 하고 있는 이 책이 직접투자보다는 펀드 투자에 중점을 두고 있는 것은 이런 이유 때문이다. 다만 그래도 직접투자할 준비가 되어 있고, 직접투자해서 수익을 보다 높이겠다는 사람을 위해 성공적인 직접투자 가이드를 소개한다.

개미의 7대 고질병에서 벗어나라

● ● ● 　주식시장에서 개인투자자들의 95% 이상이 손해를 보고 1%에서 5%에 이르는 소수만이 큰돈을 버는 이유는 무엇일까. 성공 투자자들은 '소수의 게임' 을 하는 데 비해, 실패 투자자들은 '다수의 게임' 을 하기 때문이다. 성공하는 사람들은 대중의 쏠림과 반대로 움직이지는 '똑똑이' 지만, 실패하는 대다수는 군중심리에 휩쓸려 우왕좌왕하는 '덩달이' 이다. 똑똑이는 앞으로 주식시장이 어떻게 움직일지를 예상하는 추세(트렌드)와 어떤 종목이 유망한지를 골라내 오르기 전에 주식을 사둔 뒤 주가가 많이 올랐을 때 파는 '길목 지키기 식' 으로 투자해 성공한다. 반면 덩달이는 똑똑이들이 이미 많이 사 둔 주식을 주가가 많이 올랐을 때 덩달아 샀다가 주가가 떨어지기 시작해 남들이 겁을 먹고 팔 때 손해 보고 팔아 많은 손해를 본다.

　개인투자자들이 1~5%에 불과한 성공 투자자가 되기 위해선 덩달이에서 벗어나 똑똑이가 되어야 한다. 개미(소액 개인투자자)들이 빠

져 있는 7대 고질병에서 하루 빨리 벗어나는 것이 똑똑이 투자자가
되는 지름길이다.

고질병1 _ 낙폭과대 저가 대형주 선호병

2007년 들어 10월 말까지 코스피지수는 53% 상승했다. 종목에 따라
선 2~3배 이상 상승한 주식이 있는 반면 제자리에서 맴돌거나 오히
려 떨어진 주식도 있다. 주가는 주식의 수요와 공급 및 기업의 내재
가치 및 투자자 심리 등 다양한 요인들에 따라 끊임없이 변동한다.
일반적으로 내재가치(주당순이익과 주당순자산가치)가 좋고 사려는 사
람(주식)이 팔려는 사람(주식)보다 많은 주식은 오른다.

'미스 코리아 선발대회'에서 내가 예쁘다고 생각하는 사람보다
남들이 예쁘다고 생각하는 사람이 진선미로 선발될 확률이 높은 것
처럼, 주식도 내가 자의적으로 오를 것으로 희망하는 주식보다는 다
른 사람들이 상승할 것으로 기대해 사려고 하는 주식이 오른다.

주식투자에서 성공하려면 이처럼 다른 사람, 특히 외국인이나 펀
드매니저 같은 전문가들이 선호하는 주식을 사는 게 중요하다. 그런
데 이런 종목들은 이미 많이 올라 개인투자자들이 사기에 부담스럽
게 느껴진다. 투자금액이 1,000만 원인데 포스코, 현대중공업, 미래
에셋증권 같은 종목을 사려면 선뜻 손이 나가지 않는다. 기껏해야
수십 주에서 백여 주밖에 살 수 없기 때문이다.

반면에 주가가 많이 떨어진 저가 대형주에 눈이 간다. 주가가 많

이 떨어져 이제 반등할 것이라는 희망이 있고, 수천 주를 살 수 있어 뿌듯하기 때문이다. 하지만 주가는 상승할 때는 물론이고 떨어질 때도 우리가 알지 못하는 이유가 있게 마련이다. 그런 이유를 정확히 파악하지 않고 단순히 주가가 많이 떨어졌다고 해서 반등을 기대하고 주식을 사면 손해 볼 위험이 크다는 것은 그동안 투자 경험에서 생생하게 경험해온 것이다.

고질병2 _ 손해 보고는 절대로 팔지 못하는 병

주식투자는 기본적으로 위험한 일이다. 예상하지 못했던 나쁜 일이 갑자기 생겨 주가가 급락한다. 물론 뜻하지 않은 호재로 급등하는 경우도 있다. 따라서 주식투자를 시작할 때는 예상하지 못한 악재에 신속하게 대응할 수 있는 방안을 먼저 세워둬야 한다.

예를 들어 실적이 좋을 것으로 예상해 주식을 샀는데 유가급등이나 원달러 환율 하락(원화가치 상승) 같은 돌발 상황으로 실적이 예상했던 것보다 나쁘게 나와서 주가가 15% 떨어질 때는 무조건 팔겠다는 원칙을 세워놓는 것이다. 이를 손절매損切賣라고 한다.

손절매는 도마뱀이 사람에게 잡혔을 때 꼬리를 떼어내고 달아나는 것과 같은 이치다. 또 독사에 발가락을 물렸을 때 재빨리 물린 곳에 입을 대고 독을 빨아내야 하며 독을 빨아내는 것이 늦었을 경우엔 무릎 아래를 과감하게 잘라내야 살 수 있는 것과 마찬가지다.

주식투자에 성공한 사람들은 바로 손절매의 선수들이다. 그들은 주식을 살 때 정해놓은 손절매 수준에 오면 눈 딱 감고 주식을 처분하고 새로운 기회를 기다린다. 100원에 산 주식을 85원에 손절매 한 뒤 50원으로 떨어지면 그때 다시 사는 식이다.

반면 주식투자에 실패하는 개미들은 손해를 보고는 절대로 팔지 못한다. 100원에 산 주식이 90원, 80원으로 떨어지면 불안해 떨다가 60원 밑으로 내려가면 아예 포기하고 '비자발적 장기투자자'로 전환한다. 정이 떨어졌는데 억지로 결혼하는 것은 불행한 일인 것처럼, 이미 시장에서 버림받은 주식을 계속 보유하고 있는 것은 새로운 기회가 왔을 때 그 기회를 잡지 못하는 잘못을 저지르는 일이다.

고질병3 _ 물타기병

물타기는 손절매와 반대말이다. 1만 원에 산 주식이 8,500원으로 떨어졌을 때 아픔을 극복하고 파는 것이 손절매인 반면, 오히려 8,500원에 더 사는 것이 물타기다. 주가가 떨어짐에 따라 주식을 더 사서 평균 매입단가를 낮추는 것이 물타기라는 말이다.

물타기는 내재가치가 좋은 주식의 주가가 일시적인 충격(예를 들어 2001년의 9.11테러 등)으로 인해 폭락했을 경우에는 좋은 투자전략이 될 수 있다. 충격이 가시면 원래 가격으로 돌아올 가능성이 높기 때문이다. 하지만 이런 경우는 매우 예외적인 경우다. 대부분은 물타기를 해서 성공하기보다는 실패한다. 주가는 떨어지는 쪽을 방향을 잡았을 경우엔 생각보다 많이, 그리고 오래 하락하는 경우가 훨씬 많기 때문이다.

　주식투자의 고수와 하수의 차이는 바로 손절매와 물타기의 차이라고 할 수 있다. 물타기의 유혹을 극복하고 손절매를 과감하게 할수 있는 냉정함이 주식투자를 성공으로 이끈다. 주식투자를 잘 하는 사람의 혈액형은 A형도 B형도 AB형도 O형도 아닌 바로 '냉철한 주식형' 이다.

고질병4 _ 안달병

개미들은 아주 묘한 심리를 갖고 있다. 주가가 떨어진 주식은 아무리 팔라고 해도 계속 보유하고 있는 반면 주가가 오르는 주식은 계속 보유하고 있으라고 해도 선뜻 팔아치우는 것이다. 자기가 갖고 있는 주식의 주가가 오르면 오를수록 행복도 커질텐데도, 다가오는 행복을 어찌할 줄 모르고 굳이 걷어차는 투자자들이 대부분이다. 참으로 안타까운 일이다.

　증시 격언에 '손실을 자르고 이익엔 올라타라!Cut your loss, Ride with your profit!' 라는 말이 있다. 주가는 상승할 때는 예상보다 훨씬 더 많이 오르고, 떨어질 때는 예상보다 훨씬 더 하락하는 경향이 있기 때문에 섣불리 예단하고 주식을 사거나 팔지 말라는 뜻이다.

　헝가리 출신의 전설적인 투자자 앙드레 코스톨라니는 "오르는 주식은 절대로 팔지 말라."고 했다. "오르는 우량주식을 운 좋게 샀을 때는 단말기를 쳐다보지 말고 여행을 떠나 잊으라."는 것이다. 행복이 나에게로 오면 두 손을 활짝 벌려 환영하면 된다. 그 행복이 언제 내 곁을 떠날지 몰라 안달하면서 결과적으로 억지로 떠나보내는 잘못을 더 이상 되풀이해서는 안 된다.

고질병5 _ 단타매매병

변호사, 의사, 교수, 기자 네 사람이 교수 집에서 모여 '고스톱'을 치면 누가 돈을 딸까? 정답은 교수 부인이다. 방 빌려준 대가로 1만 원 이상 먹을 때마다 1,000원씩 '고리'를 떼기 때문이다.

주식을 사고파는 것도 이와 비슷하다. 주식을 한번 사고팔면 거래대금의 1.1%(살 때 수수료 0.4%+팔 때 수수료 0.4%+거래세 및 농특세 0.3%)를 '고리'로 떼인다. 한달에 한번씩 1년에 12번 사고판다면 고리는 13.2%로 높아진다. 적어도 13.2%의 수익을 올려야 본전이 되는 셈이다. 한달에 두 번 사고판다면 고리는 26.4%로 높아진다(HTS로 거래할 경우 가장 낮은 곳의 수수료가 0.024%이지만 고리가 싼 만큼 거래를 자주하기 때문에 결과적으로 큰 차이는 없는 게 현실이다). 재주는 곰이 넘고 돈은 엉뚱한 사람이 챙겨가는 셈이다.

실제로 한 증권사에서 근무하던 A씨는 고객 돈 20억 원을 맡아 운용해주면서 1년 동안 20억 원이 넘는 돈을 벌어 조그만 투자회사를 차렸다. 하루에도 몇 번씩 매매를 해서 수수료 수입을 많이 얻은 뒤 성과급(인센티브)을 챙긴 것이다. 고객에게는 5% 정도의 수익을 내줬기 때문에 큰 문제는 제기되지 않았지만 매매를 자주 하지 않았더라면 그 고객의 수익은 훨씬 커졌을 것이다.

고질병6 _ 외상선호병

개인들은 미수거래나 신용거래를 자주 한다. 미수거래는 주식을 산 뒤 매입대금을 결제일인 3일째 되는 날까지 입금하지 않는 것이고, 신용거래는 증권사에서 돈을 빌려 주식을 사는 것이다. 미수나 신용 모두 외상으로 주식을 사는 것이다.

외상거래는 주가가 오를 때 수익률을 높이는 효과가 있다. 예를 들어 1,000만 원어치 주식을 살 때 주식계좌에 1,000만 원이 있어야 하는 게 원칙이다. 하지만 400만 원만 있어도 1,000만 원어치 주식을 살 수 있다. 이때 50만 원의 이익을 냈다고 해보자. 1,000만 원을 다 주고 샀을 때는 수익률이 5%에 불과하다. 반면 미수거래를 하면 수익률은 12.5%(50만÷400만)로 높아진다.

이런 효과 때문에 개미들은 외상거래의 유혹에 빠져든다. 하지만 외상거래는 공짜가 아니다. 반대매매라는 가시가 있다. 주가가 오를 때는 아무런 문제가 없지만, 주가가 떨어질 때는 원금마저 날려 버릴 위험이 있다.

주식투자의 원칙은 절대로 돈을 빌려서 투자해서는 안 된다는 것이다. 빌려서 투자하면 성급할 수밖에 없고, 성급해질수록 손해 볼 가능성이 커진다. 미수나 신용의 유혹에 빠지면 증시에서 퇴출될 날이 멀지 않았다는 것을 각오해야 한다.

고질병7 _ 대박환상병

개인투자자들이 가장 빠지기 쉬운 병이 대박환상병이다. 대박종목을 족집게처럼 찍어준다는 투자설명회와 ARS서비스에 개미들의 발길이 끊이지 않는다. 참가비가 수백만 원에 이르지만 대박을 터뜨릴 수 있다는 환상에 젖어 그 정도는 돈으로 보이지도 않는다.

하지만 곰곰이 생각해보자. 확실하게 대박을 터뜨릴 수 있다면 자기가 직접 그 주식을 살 것이지 왜 생면부지인 나에게 그 정보를 알려주겠는가. 대박 정보를 얘기하는 경우의 대부분은 자신도 속아 그 종목을 샀는데 주가가 떨어지자 다른 사람도 끌어들여 손해를 만회해보려는 사람과 주식을 이미 많이 사놓고 주가가 떨어지기 전에 주식을 처분하려는 사람이다. 결국 대박을 쫓다보면 남는 것은 쪽박밖에 없다는 얘기다. 대박을 터뜨리겠다는 욕심과 환상이 개미들을 파멸의 구렁텅이로 내몰고 있다.

주식투자에서 성공하는 5가지 원칙

●　●　● '개미들의 7대 고질병'은 개인투자자들이 해서는 안 되는 것과 관계된 것이다. 하지만 주식투자에서 성공하기 위해서는 해서는 되지 않을 것을 피하는 것도 중요하지만 적극적으로 실천해야 하는 것도 중요하다. '주식투자에서 성공하는

5가지 원칙'은 개인들이 직접 주식투자에 나설 때 꼭 지켜야 할 것들이다.

원칙1 _ 공부를 하고 난 뒤 투자하라

주식투자에서 성공하기 위해 가장 먼저 해야 할 일은 주식공부다. 주식공부를 하지 않고 주식투자에 나서는 것은 자살행위나 다름없다. 마치 수영을 배우지 않고 바다에 뛰어든다든지, 운전면허를 따지 않고 고속도로를 질주하는 것과 비슷하다. 한국전쟁 때 조국애로 똘똘 뭉친 학도병들이 각개전투와 사격술 예비훈련을 제대로 받지 못하고 최전선에 투입돼 총 한번 제대로 쏴보지도 못하고 소중한 목숨을 초개草芥처럼 잃은 것과 마찬가지다. 주식공부하지 않고 주식투자를 하면 피땀 흘려 번 돈을 주식 전문가에게 오롯이 상납하는 결과만을 가져온다.

그렇다면 주식공부를 어떻게 해야 할까. 우선 사려고 하는 주식을 발행한 기업이 어떤 회사인지를 알아봐야 한다. 그 회사가 하는 일이 무엇이며(배 만드는 곳인지, 반도체 장비를 생산하는 곳인지, 화장품이나 의약품을 제조하는 곳인지 등등), 그 회사의 매출액 추이는 어떤지(매출액이 늘어나는 회사의 주식은 사도 된다. 하지만 매출액이 줄어드는 회사는 가급적 피해야 한다. 성장성이 떨어지는 것은 어려운 상황에 닥칠 수 있다는 위험한 신호다.), 그리고 최고경영자CEO는 어떤 사람인지 등을 꼼꼼히 챙겨봐야 한다.

또 주가를 주당순이익EPS으로 나눈 주가수익비율PER은 어느 정도이고, 주가를 주당 순자산가치BPS로 나눈 주가순자산비율PBR은 어느 수준인지도 꼭 챙겨야 한다. 일반적으로 PER과 PBR이 시장평균보다 낮은 주식은 저평가되어 오를 가능성이 있다는 것을 뜻하기 때문에 투자에 좋은 참고자료가 된다.

기업에 대한 기본적인 분석이 끝났으면 그 기업이 속한 업종 상황을 체크하는 게 중요하다. 2007년에 주식시장은 활황이었지만 삼성전자나 하이닉스반도체 등은 상대적으로 크게 부진했다. 이는 세계적인 반도체 업황이 좋지 않아 해당 기업의 매출과 이익이 좋지 않았기 때문이다. 반면 철강이나 조선(중공업) 업종은 중국 특수 영향 등으로 매우 좋았다. 이 덕분에 포스코와 현대중공업은 2007년 스타종목으로 부상했다. 좋은 업황에 들어 있는 종목 가운데, 그 업종을 대표하는 회사를 선택하는 것이 성공 가능성을 높인다.

업황을 살펴 본 뒤에는 국가 및 세계 경제 흐름을 꼭 체크해야 한다. 미국에서 '서브 프라임 모기지 사태'가 발생하면 주식시장은 크게 출렁인다. 또 미국의 중앙은행인 FRB가 금리를 올리면 주가는 하락하고 인하하면 상승하는 경향을 갖는다. 원달러 환율 흐름도 주가에 민감하다. 환율 변동에 따라 수출기업은 물론 내수기업의 매출과 이익에 상당한 영향을 받기 때문이다.

이런 공부가 어렵고 귀찮아 하기 싫은가. 그러면 주식투자를 직접 해서는 안 된다. 공부하지 않고 준비되지 않은 개인투자자들은 백전

백패하는 곳이 바로 주식시장이다.

원칙2 _ 욕심을 버려라

주식투자는 묘하다. 높은 수익을 내려고 하면 결과가 좋지 않고, 좋은 주식을 사 놓은 뒤 4~5년 잊고 있으면 의외로 큰 수익을 내는 경우가 많다. 오죽하면 '사람이 돈과 의지 및 권력으로 할 수 없는 것 3가지' 중에 주식투자가 포함돼 있다.

나머지 2가지는 골프와 자녀교육이다. 돈이 아무리 많고 정치권력을 갖고 있다고 해도 스스로 열심히 하지 않으면 골프 실력을 향상시킬 수 없고, 자녀 스스로가 공부에 취미를 갖고 달려들지 않으면 좋은 학교에 들어가기 쉽지 않다. 주식투자도 남들이 아무리 훌륭한 투자전략을 가르쳐주고, 유망종목을 소개해줘도 스스로 그것을 터득하고 실천하지 않으면 성공투자자가 될 수 없다.

주식투자에서 성공하려면 '역설의 법칙'을 잘 활용해야 한다. 수익을 많이 내려면 목표수익률을 낮게 잡고, 대박의 환상에서 벗어나는 게 중요하다. 실제로 '1년 동안 목표수익률을 은행 정기예금 금리의 3배'로 삼는 게 가장 바람직하다. 현재 1년 만기 정기예금 금리가 5% 안팎이니까 15% 정도를 목표수익률로 잡는 게 좋다는 말이다.

'겨우 15%…'라고 투덜대는 사람이 적지 않을 것이다. 하지만 주식투자는 일정한 수익률을 장기적으로 꾸준하게 내는 것이 한 번에 100~200% 수익을 냈다가 그 다음해에는 50% 이상 손해를 보는 식으로 변동하는 것보다 결과가 훨씬 좋다.

예를 들어보자. 10년 동안 매년 15%의 수익률을 냈다고 해보자. 이 경우 연평균 수익률은 15%(150÷10)에 불과하다. 하지만 10년 뒤 누적수익률은 무려 304.6%나 된다. 1,000만 원을 투자했다면 4,046만 원으로 4배 이상이 된다는 뜻이다. 이는 바로 '복리의 마술'이 작용하기 때문이다. 1,000만 원이 이듬해에는 1,150만 원(1,000만×1.15)이 되고 그 이듬해에는 1,322만 5,000원(1,000만×1.15×1.15)이 되며, 3년 뒤에는 1,520만 8,750원(1,000만×1.15×1.15×1.15)으로 점점 더 불어나게 되는 것이다.

반면 10년 동안 첫해는 100% 수익을 내고 이듬해는 50% 손실 내는 식으로 홀수 해는 100% 수익, 짝수해는 50% 손실을 냈다고 해보자. 이 경우 연평균 수익률은 25% {(100−50+100−50+100−50+100−50+100−50)÷10}로 매년 15% 냈을 때보다 높다. 하지만 10년 동안의 누적수익률은 얼마나 될까. 놀라지 마시라. 바로 0%다. 1,000만 원을 투자했을 때 그대로 1,000만 원이 된다는 얘기다.

믿지 못하겠으면 실제로 계산을 해보자. 1,000만 원을 투자해서 첫해에 100% 수익을 내면 2,000만 원이 된다. 그런데 두 번째 해에는 2,000만 원을 투자해서 50% 손해를 보기 때문에 1,000만 원이 된다. 셋째 해에 다시 100% 수익을 올려 2,000만 원이 되지만 넷째 해에는 50% 손해를 보기 때문에 1,000만 원으로 원 위치된다. 숫자상으로는 엄청난 이익을 본 것 같은데 손에는 남는 게 없는 빛 좋은 개

살구인 셈이다(게다가 주식을 사고팔 때 뜯겨야 하는 수수료와 세금을 생각하면 원금에서 상당 부분이 없어져 있을 것이다).

왜 이런 결과가 나올까. 바로 평균과 숫자에 대한 착각 때문이다. 상승률은 무한대로 커질 수 있지만 하락률은 가장 큰 수가 100이다. 1,000만 원 투자해서 2,000만 원이 되면 수익률은 100%이지만, 2,000만 원에서 1,000만 원이 되면 하락률은 50%다. 숫자상으로 하락률이 상승률보다 적게 나타나기 때문에 사람들은 수익률만 따질 경우 잘못된 판단을 하게 마련이다.

이처럼 주식투자에서는 수익률보다는 손해를 보지 않는 게 훨씬 중요하다. 야구방망이를 짧게 잡고 안타를 자주 치는 게 길게 잡고 홈런을 노리다 3진 아웃 당하는 것보다 승리하는 데 유리한 것과 비슷하다.

좋은 차의 조건은 무엇일까. 바로 브레이크의 성능이다. 위험한 상황에 닥칠 경우 피해를 최소화하면서 급히 제동할 수 있는 브레이크가 있음으로써 비로소 시속 200km 이상의 속도를 낼 수 있다. 반면 브레이크가 고장난 차는 시속 10km로도 달릴 수 없다. 수익률 욕심을 버리고 유사시에 리스크를 관리할 수 있는 능력을 키우고 있으면 수익은 시장이 알아서 올려주는 게 바로 주식투자의 역설이다.

원칙3 _ 참을 인忍자 3개면 계좌가 바뀐다

주식투자는 기다림의 게임이다. 주도권을 쥔 사람이 자신에게 유리한 상황이 올 때까지 참고 기다리면 승리하는 곳이다. "훌륭한 타자가 불리한 공을 그냥 보내고 가장 좋아하고 자신 있는 볼이 왔을 때만 풀스윙을 해서 안타를 치고 홈런을 만들어 내는 것처럼 주식투자도 그렇게 해야 한다."고 갈파한 워렌 버핏처럼 좋은 종목과 좋은 투자시기가 올 때까지 기다리는 게 중요하다.

주식투자에서 주도권을 쥔 사람은 누구일까. 바로 현금을 들고 있는 사람이다. 주식시장에서는 현금을 갖고 있는 사람이 왕이다. 주식을 살 수 있는 현금을 갖고 있으면 주식을 팔려고 하는 사람들이 수없이 달려들어 유혹한다. 이 종목이 좋다든지, 저 종목은 한 달이면 50% 수익을 낼 수 있다든지 하는 식의 감언이설이 끊이지 않는다.

현금을 들고 있는 투자자는 그렇게 수많은 종목(2007년 10월 말 현재 증권선물거래소에 상장된 종목수는 무려 1,800개가 넘는다) 가운데 가장 좋은 종목을 선택할 권리를 갖는다. 마음에 들지 않으면 사지 않으면 그만이다. 주식시장은 오늘만 열리고 내일부터 문을 닫는 '땡처리 시장'이 아니다. 내일도 열리고 한 달 뒤에도 열리며 1년 뒤에도 개장한다. 가장 좋은 시기에 가장 좋은 종목을 발견할 때까지 끊임없이 제공되는 투자정보를 만끽하면 된다.

하지만 일단 유혹에 넘어가 주식을 사게 되면 주도권은 시장으로 넘어간다. 주가가 오르거나 내리는 것은 시장이 알아서 할 뿐이며 투자자가 통제할 수 있는 것은 거의 없게 된다. 시장에 종속된 투자자가 할 수 있는 일이란 손절매를 하거나, 차익실현을 하는 일뿐이다.

그렇게 해서 현금을 챙기면 다시 주도권은 투자자에게 넘어온다.

한국의 개인투자자들은 계좌에 현금을 갖고 있으면 몸이 근질거려 참지 못한다. '계좌에 현금을 갖고 3일만 버틸 수 있으면 성공투자자'라는 말이 나올 정도다. 왜 그렇게 어렵게 잡은 주도권을 쉽사리 포기하고 넘겨주려고 하는지 정말 이해할 수 없다.

주식투자에서 참을 인忍은 주식을 살 때뿐만 아니라 팔 때도 적용된다. 물론 손절매 할 때라면 무조건 팔아야 하지만, 지금 문제가 되는 것은 주가가 올라 이익을 보고 있을 때이다. 앞에서 살펴본 것처럼 주가가 오를 때는 예상했던 것보다 훨씬 많이 오르는 게 일반적이다. 상승하다 일시적으로 하락(이것을 조정이라고 한다)하는 경우가 있지만 조정이 끝나면 다시 오르는 모습을 보여준다. 따라서 주가가 상승세를 탔을 때는 주식을 섣불리 팔면 이익을 극대화할 기회를 놓치게 된다.

2007년 2월에 상장된 오스템임플란트에 투자했던 B씨가 이런 안타까움의 대표적인 예다. B씨는 오스템임플란트가 설립된 직후인 2000년 초에 전에 다니던 회사를 그만두고 받은 퇴직금 3,000만 원을 투자했다. 액면가 500원짜리를 6배 할증한 3,000원에 1만주를 샀다. 그리고 투자한 사실조차 거의 잊어갈 무렵인 2007년 2월에 오스템임플란트는 증시에 상장됐고 1만 8,000원 수준에서 대량 매물이 쏟아졌다. B씨는 이때 '7년 기다려 6배 남겼으면 됐다'는 생각에 1만주를 모두 처분했다. 하지만 오스템임플란트는 그 뒤에 한때 5만 원을 넘어섰다. 7년을 기다린 끝에 6배의 수익을 냈지만 너무 성급하게 팔아 주당 3만 원 이상, 총액으로 치면 3억 원 이상의 추가이익을 허공에 날려 버린 것이다.

주식을 살 때도 지금 이 종목을 꼭 사야 하는지에 대해 3번 참고, 이익을 보고 있는 주식을 팔 때도 지금 꼭 팔아야 하는지를 3번 참고 생각해보는 것. 이것이야말로 주식투자의 성공여부를 결정짓고 나아가 인생 자체의 흐름도 다르게 만들 수 있다.

원칙4 _ 남을 탓하지 마라

한국 사람은 핑계거리를 찾는 데 익숙하다. 골프장에 가보면 공이 잘 안 맞을 때 갖가지 핑계를 들을 수 있다. '어제 밤에 과음한데다 잠을 잘 자지 못했다. 새벽에 운전하느라 피곤하다. 비가 오고 바람이 분다. 잘 맞았는데 디보트 자국(먼저 골프를 친 사람이 만들어 놓은 파인 곳)에 들어가 버렸다⋯⋯.' 핑계에는 끝이 없다. 심지어 '공이 안 맞을 이유가 없는데 안 맞는다' 는 핑계 같지 않은 핑계까지 등장한다. '잘 되면 내 덕이고 안 되면 조상 탓' 인 것이다.

주식투자를 하는 사람들과 얘기하다 보면 그들도 온갖 핑계거리를 댄다. 브로커가 잘못된 정보를 알려줬다든지, 잘 나가는데 자산운용회사가 대량 매물을 쏟아내 덤터기를 썼다든지, 선물 매도(주가가 하락할 것으로 예상해 주가지수선물을 매도하는 것)를 쳤는데 미국에서 밤사이에 갑자기 금리를 내려 주가가 급등함으로써 큰 손해를 봤다든지……. 투자 실패를 설명하는 탓과 핑계에는 끝이 없다.

하지만 핑계를 찾는 것은 실패한 사람이 하는 짓이다. 성공한 사람은 절대로 남의 탓을 하지 않는다. 골프공이 안 맞으면 연습을 덜한 내 탓이라 여기고, 주식투자가 뜻대로 되지 않으면 주식공부와 마음 수양을 덜한 자신의 잘못 때문이라고 생각한다. 내 탓이라고 여기기 때문에 남을 원망하는 시간에 연습을 하고 공부를 한다. 두 번 다시 비슷한 실수를 되풀이 하지 않기 위해서다.

'투자가 잘 되면 나의 실력이고 잘 안되면 운이 나쁘기 때문' 이라는 '패자의 논리Losers' logic' 에서 벗어나 '투자가 잘 되면 운이 좋았기 때문이고 잘 안되면 내가 준비를 덜 했기 때문' 이라고 하는 '승자의 논리Winners' logic' 로 하루 빨리 바꾸는 게 주식투자에서 성공할 수 있는 지름길이다.

주식시장은 모든 사람에게 공평하다. 누구를 미워한다거나 누구를 편애하는 일이 없다. 다만 '하늘은 스스로 돕는 자를 돕는 것' 처럼 남을 탓하는 사람보다는 내 탓으로 여기며 겸손하게 공부하는 사람에게 성공의 기회를 더 많이 줄 뿐이다.

원칙5 _ 청개구리가 되어라

주식투자에서 많은 사람들은 실패하고 소수만이 성공하는 이유를 설명하는 것에 '코스톨라니의 달걀' 이라는 게 있다. 달걀을 세로로 세워 놓았을 때, 가운데를 주가가 움직이지 않는 상황으로 보고 아래는 하락을 가리키며 위는 상승을 뜻한다. 이 경우 많은 사람들이 주식을 사는 것은 왼쪽 위쪽이다. 주가가 하락세를 멈추고 상승세로 돌아선 뒤 본격적으로 올라도 긴가민가하면서 매수를 꺼리던 사람들은, 주위에서 주식으로 돈 벌었다는 얘기를 자주 들으면 더 이상 참지 못하고 뒤늦게 주식을 사는 것이다.

하지만 이때는 주가가 이미 많이 올라 추가 상승 여력이 부족해지기 시작한다. 고수들은 대중들이 앞 다퉈 주식을 사려고 하는 이때 추가 상승에 대한 미련을 버리고 쌀 때 사두었던 주식을 모두 내다 판다.

그리고 주가가 어느 정도 더 오른 뒤에 주가는 하락세로 돌아선다. 이때 대중들은 고점에 대한 향수를 버리지 못하고 주가가 떨어질 때마다 반등을 기대하면서 물타기에 나선다. 하지만 매정한 주가는 계속 떨어져 수평선 아래로 떨어진다. 이때부터 대중들은 불안에 떨기 시작한다. 자고 나면 주가가 떨어지는 것을 보고 더 이상 참지 못하고 그때까지 보유하고 있던 주식을 모두 내다 판다. 주가는 바닥으로 곤두박질치고 주식시장에 더 이상 희망이 없을 것 같은 절망감이 지배한다.

그러나 바로 이때 고점에서 주식을 팔아 현금을 챙겨뒀던 고수들은 싼값에 주식을 대량으로 사들인다. 그리고 주가가 상승세로 돌아서 시장을 떠났던 대중들이 다시 몰려들기 시작할 때 비싼 값에 주식을 내다 판다. 누가 돈을 벌고 누가 돈을 잃는지는 불을 보듯 뻔하다.

주식투자는 '소수의 게임'이다. 이는 군중심리에 휘말려 이성을 잃고 감정에 따라 버블을 쫓아가거나, 쓸데없는 공포에 빠져서는 절대로 성공할 수 없다. 청개구리처럼 남들과 반대로 생각하고 거꾸로 행동하는 소수가 되는 것이 성공에 접근할 수 있다.

하지만 청개구리가 된다는 것은 무척 힘들고 외로운 일이다. 외눈만 있는 여우들이 사는 동네에서는 두 눈을 모두 갖고 있는 여우가 이상하게 취급되는 것이 상식이다. 대부분의 사람들이 주가가 더 오를 것이라며 흥분해서 묻지마 식으로 주식을 살 때 갖고 있는 주식을 내다 파는 것은 결코 쉬운 일이 아니다. 외환위기 직후인 1998년 6월, 코스피지수가 280까지 폭락하고 100선까지 떨어질 것이라며 모두가 공포에 질려 있을 때 주식을 사는 것은 대단한 용기가 필요한 일이다.

2008년,
어린이펀드 시대 온다

2007년 현재 현행법에 따르면 배우자로부터 증여를 받은 경우 3억 원까지 증여세가 면제된다. 직계존속 및 직계비속으로부터 증여를 받은 경우는 증여세 면세한도가 3,000만 원이고, 미성년자가 직계존속으로부터 증여를 받은 경우에는 1,500만 원이다.

펀드로 증여할 때도 마찬가지다. 자녀가 만 19세가 될 때까지는 10년 단위로 1,500만 원씩, 20세 이후에는 3,000만 원까지 증여세 공제 혜택이 있다. 10년간 투자금액이 1,500만 원이 넘으면 증여세를 물어야 하기 때문에 자칫 '배보다 배꼽이 더 커질 수' 있다.

'어린이펀드' 라는 이름으로 나오는 펀드 외에도, 자녀 명의로만 가입하면 증여세 혜택을 받을 수 있다. 국내 어린이펀드를 통해 받고 있는 증여세 공제는 '상속세 및 증여세법' 에 따라 미성년자에게 일반적으로 부여되는 법적용 사항이지 어린이펀드에만 특별히 부여된 세제혜택은 아니기 때문이다. 펀드에 가입할 때는 부모가 함께 주민등록등본을 가지고 증권사나 은행에서 계좌를 개설해야 한다.

하지만 연간 150만 원씩만 적립해도 10년이면 1,500만 원이 된다. 현실적으로 필요한 교육자금이나 사회생활을 여유롭게 하기 위한 종자돈(1억 원)에 비해 세제 혜택 규모가 턱없이 모자라는 게 문제인 것이다. 현재 국내에서 판매되고 있는 어린이펀드에서 주어지는 혜택은 큰 실효성이 없는 실정인 셈이다. 따라서 국내 어린이펀드는 자녀명의로 비과세 혜택만을 노리는 부모들의 재테크 수단으로 활용될 가능성이 높은 게 현실이다.

하지만 이렇게 '턱없이 짠' 세제 혜택이 이르면 2008년부터 달라진다. 자산운용협회에서는 10년 이상 장기 투자할 경우 세제혜택을 대폭 확대하는 방안을 강구하고 있다. 어린이펀드 세제혜택 방안으로 부모가 18세 미만의 자녀(직계존비속) 명의로 어린이펀드에 가입, 10년 이상 장기투자할 경우 ① 소득세 비과세, ② 14%의 소득세 면제, ③ 증여세 면제, ④ 한해 매월 100만 원까지 증여세 면제, ⑤ 중도에 환매 때 세제혜택은 무효 등의 내용을 논의 중이다.

우선순위에서 멀어진 어린이펀드?

● ● ●　주식형 해외투자펀드는 2006년 초 주식양도차익에 대한 비과세 혜택 방안이 시작되면서 수탁액이 하루 평균 1,000억 원 이상 증가하는 등 기하급수적으로 늘어났다. 2007년 10월 말 현재 주식형 해외투자펀드는 수탁액이 42조 원에 이른다. 이 가운데 2007년 들어 늘어난 금액만 35조 원이 넘는다.

이계웅 굿모닝신한증권 펀드분석팀장은 "해외투자펀드에 비과세 혜택을 줌으로써, 어린이펀드와 같이 간접투자 시장의 발전에 있어 파급효과가 훨씬 큰 상품의 비과세 혜택이 우선순위에서 밀려난 것은 대단히 아쉬웠다."며 "2008년 초 어린이펀드 비과세 혜택 개정안이 실효될 경우 어린이펀드 시장 역시 크게 도약할 수 있을 것"이라고 기대했다.

아직은 어린이펀드가 많은 이점과 부가서비스 혜택 그리고 최근 시장을 넘어서는 뛰어난 성과를 갖고 있음에도 투자자들로부터 별다른 관심을 이끌어내지 못하고 있다. 어린이펀드와 같이 소액으로 장기 적립식 투자하는 상품에 비과세 혜택과 같은 유인책 없이는 대중화하는 데 일정한 한계가 있을 수밖에 없다는 게 전문가들의 지적이다.

우리나라에서도 어린이펀드를 육성하기 위해서는 서구 금융선진국의 세제혜택과 같은 정부의 제도 도입과 체계적인 지원이 절실한 상황이다.

오제세 대통합민주신당 의원은 2007년 9월, 자녀의 교육비로 사용되는 '어린이펀드'에 대해 소득공제와 상속·증여세 면제 등의 혜택을 주기로 한 내용을 담은 조세특례제한법 개정안을 대표해 발의했다. 이 개정안이 정상적으로 통과될 경우 2008년 1월 1일부터 시행되며, 오는 2012년 12월 31일까지 5년간 한시적으로 운용될 예정이다.

오 의원은 자녀교육비마련저축(어린이펀드)에 가입한 법정대리인(부모)이 연간 저축불입액과 300만 원 중 적은 금액으로 근로소득금액을 공제받을 수 있도록 하는 조특법 개정안을 추진키로 했다. 어린이펀드로 지급받는 이자·배당소득에 대해서는 소득세를 면제하고, 저축금액을 부모가 자식에게 물려줄 경우 아예 상속·증여세를 부과하지 않는 방안도 만들어졌다.

오 의원은 "대학등록금 등 교육비로 사용되는 장기펀드 납입자금 및 수익에 대해 세금 공제혜택을 주면 자녀가 많은 가정의 경제적 부담이 줄어들 것"이라며 "노후생활 마련을 위한 저축에 대해서도 비과세 혜택을 주어 고령화 사회를 대비해야 한다."고 설명했다.

어린이펀드 '붐' 온다

●●● 모 증권사의 펀드분석 애널리스트는 상품 판매관리팀에 '미래에셋 어린이펀드'를 팔아주지 말라고 당부했다고 한다. 그 이유를 열띠게 설명하는 그의 표정은 짐짓 심각하기까지 했다.

"어린이펀드가 얼마나 중요한지 아직 다들 모르고 있습니다. 아직은 어린이펀드 규모가 얼마 되지 않아서 무시하고 있지만, 단순히 펀드 고객을 몇 명 늘리고 수탁액을 조금 불리는 게 문제가 아닙니다."

한 고객이 우리 증권사에서 미래에셋 어린이펀드에 가입할 경우, 그 고객은 미래에셋에서 보내주는 경제캠프에 가고, 미래에셋에서 제공하는 프로그램으로 경제교육을 받게 됩니다. 또 분기별로 미래에셋이 제공하는 운용보고서를 받아보고, '내 펀드가 이렇게 굴러가는구나' 공부하게 되겠지요. 가장 중요한 시기에, 그 고객에게 가장 인상 깊이 남는 회사는 '미래에셋'이 됩니다. 이런 인상은 커서도 무의식 중에 남게 되겠죠. 이보다 더 좋은 회사 이미지 광고가 어디 있습니까? 그러니, 당장에 펀드 팔자고 굳이 우리 증권사에서 남 좋은 일 시켜서는 안 된다는 거지요."

좀더 다양한 전략을 가진, 보다 다양한 부가서비스를 제공하는 창의적인 어린이펀드가 나오길 기대해본다. 세제 혜택이 본격화된다면, 해외투자펀드가 그랬던 것처럼, 어린이펀드도 '전성시대'를 맞이할 수 있지 않을까.

세제 혜택 외에도 필요한 것

● ● ● 영국의 '차일드 트러스트 펀드Child Trust Fund'와 같이 보조금 지급은 현실적으로 어렵더라도 어린이펀드로 일정기간을 투자할 경우 추가로 비과세 혜택을 주고 일정금액에 한해 증여세 면제를 병행하도록 세제 혜택을 조정하는 게 현실적인 대안이 될 것이다.

이 같은 세제 혜택과 함께 좀더 검토되어야 할 내용으로는, 우선 어린이들이 세뱃돈이나 용돈 등이 수시로 입금할 수 있도록 가입방법이 쉽고 가입금액을 최소규모로 낮출 필요가 있다.

둘째로, 우리나라의 경우 대학등록금보다 중·고등학생의 사교육비 지출이 비교적 많은 편이기 때문에 펀드 자금을 중도에 일부 출금하는 경우도 비과세 혜택을 적용해줄 필요가 있다.

한 펀드매니저는 "자녀가 사립 초등학교를 갈 것인지, 일반 초등학교를 갈 것인가부터 대학입학, 유학, 결혼자금 마련까지 장기적이고 구체적인 계획을 세워줄 프라이빗 뱅커PB가 필요하다."면서 "필요한 시기에는 중도에 자금을 빼 쓸 수 있도록 하는 것은 은행,

증권 등 판매사에서 좀더 신경 쓰면 개선할 수 있는 부분"이라고 지적했다.

셋째로, 어린이펀드는 초장기 상품이며 공익적인 성격을 띠는 상품이므로 보수(비용)를 낮추거나, 시간의 경과에 따라 보수를 줄여나가는 보수체계가 필요하다.

넷째, 국내에서 판매되는 어린이펀드는 주로 한 가지 유형의 주식형 펀드를 적립식으로 투자하도록 하지만 펀드 선택의 다양화와 장기투자에 따른 위험분산을 위해 펀드 간 포트폴리오 배분이 가능하게끔 해줘야 한다.

다섯째, 어린이교육이 형식적인 서비스에 그치지 않도록, 어린이펀드 판매와 교육을 의무로 확대 · 강화하고, 부모와 어린이들의 실생활에 도움이 되는 경제 · 금융 교육이 되도록 다양한 프로그램을 개발해야 한다.

펀드매니저,
우리 아이 위해 이렇게 투자한다

'중이 제 머리 못 깎는다'는 속담이 있다. 바둑에도 '실력은 4급, 훈수는 5단'이라는 격언이 있다. 옆에서 잔소리를 하며 훈수를 잘 하지만 실제로 스스로의 일은 잘 하기 어렵다는 뜻이다. 자신의 자산운용은 물론, 자녀들에게 사회생활을 위한 종자돈을 만들어 주는 일에서도 이런 속담과 격언은 그대로 적용되는 경우가 많다. 남을 위해 주식투자를 대신 해주고 있는 펀드매니저 가운데서도 자신들의 자산운용 등에서는 그다지 좋은 성과를 보이지 못하는 사례가 적지 않다.

하지만 일부 펀드매니저들은 자녀들에게 종자돈을 만들어 주기 위한 계획을 세워 착실히 실천하고 있다. 남의 자산을 불려주는 펀드매니저들은 정작 자기 자녀들을 위해 어떻게 투자하고 있을까?

이채원 전무

금융 전문가들이라면 뭔가 특별한 비법이 있지 않을까?

증권가에서 나름대로 이름을 날리는 펀드매니저, 자산관리전문가들이 '우리 아이를 위한 준비'를 어떻게 하고 있는지 진솔한 얘기를 들어봤다.

이채원 전무, "우리 아이 펀드, 내가 직접 굴린다"

펀드매니저들 중에는 자신이 운용

하는 펀드에 자녀 명의로 가입하는 경우가 많다. 본인이 아이를 위한 자금을 직접 굴리는 셈이다. 투자금액이 적건 많건 간에 일반 투자자들 입장에서도 어느 정도 갈 수밖에 없다. "그래도 자식을 위한 제 돈이 들어갔는데 조금이라도 더 성의 있게 수익을 내지 않을까." 라는 심정에서다.

'가치투자 펀드매니저'로 많이 알려진 이채원 밸류자산운용 전무도 그렇다. 이채원 전무가 운용하는 '한국밸류10년주식펀드'에는 이 전무의 두 딸을 위한 자금이 들어 있다.

이 전무에 대한 이야기를 조금 하자면, 첫인상이 매우 깔끔하다. 그는 '시장에서 저평가된 가치주를 발굴해 오랜 기간 투자한다'는 투자 철학을 바탕으로 묵묵히 투자한다는 면에서 업계에서 인정받는 유명 펀드매니저 중의 하나다.

이 전무의 별명은 '밸류 리'다. 가치를 뜻하는 밸류에다 그의 성인 리를 붙여 만든 말이다. 외환위기가 닥치기 전인 1990년대 중반부터 '가치투자'를 부르짖으며 고집스럽게 외길을 걷고 있는데서 붙여진 별명이다.

그는 주식투자 외에 할 수 있는 게 거의 없다. 성인이면 누구나 갖고 있는 운전면허증도 없다. 심지어 자전거도 탈 줄 모른다. 성공한 사람이라면 거의 예외 없이 하는 골프도 치지 않는다. 취미는 주식투자이며 특기도 주식투자이다. 증권사 신입사원 시절에는 주식공부 하느라고 가장 먼저 출근해서 가장 늦게 퇴근했다. 요즘도 하루에 10시간은 주식공부에 매달릴 정도다.

하지만 그의 능력과 배경은 둘째치더라도, 처음 봤을 때 한눈에 "참 따뜻한 분이구나. 저 분은 밖에서 아무리 바빠도 가족을 챙길 줄 아는 좋은 남편, 좋은 아빠일 것 같다."는 느낌이 든다.

역시나 업계에서 이 전무는 '가치투자 전도사' 일 뿐만 아니라 평소 가정적이기로도 소문이 자자하다. 두 딸아이 앞으로 자신이 운용하는 '한국밸류10년주식펀드' 에 들어 놨다.

이 전무는 펀드를 만들면서 두 딸의 이름으로 각각 1,500만 원씩 거치식으로 펀드에 가입했다. 적립식보다는 거치식이 높은 수익률을 내는 데 유리하다는 게 이 전무 생각이다.

"저는 가능하면 거치식 투자를 권합니다. 여유가 있다면 아이들을 위해서 1,500만 원 정도 거치식으로 묻어두고 나중에 대학 등록금이나 결혼 자금처럼 큰돈이 필요할 때뿐만 아니라 사회생활을 시작할 때 아주 유용한 종자돈으로 활용될 수 있습니다. 한 10년 이상 이렇게 묻어두면 수익이 놀랄 만큼 불어나 있을 겁니다. 적립식으로는 아주 큰 수익을 내기 어려워요. 그리고 무엇보다 세금을 절약하는 효과도 톡톡히 누릴 수 있습니다."

이 전무가 두 딸을 위해 이 펀드에 넣은 돈 1,500만 원은 10년 후에 얼마나 될까. 매년 수익률에 따라 달라질 것이지만 1년이라도 손해를 보지 않고 연 평균 25%의 수익률을 기록한다면 무려 1억 4,000만 원에 이른다. 수익률이 20%로 낮아질 경우엔 9,287만 원으로 줄

한국밸류10년주식펀드 광고.
이 전무가 직접 모델로 나섰다.

어들지만 30%라면 2억 678만 원이나 된다.

그렇다면 이렇게 많은 금액이 현실화될 수 있을까. 미래의 일을 지금 확실하게 말하긴 어려울 것이다. 하지만 이 전문가가 운용하는 이 펀드의 지금까지 실적과 그의 투자 실력을 감안할 때 전혀 허황된 얘기가 아니고, 어느 정도 실현될 가능성이 높다고 할 수 있다.

'한국밸류10년주식펀드'는 2006년 4월 18일에 만들어졌다. 이 펀드는 2007년 연초 이후 3분기까지(9월 19일 기준) 51.05%의 수익률을 올렸다. 전체 국내 주식형 펀드 가운데 수익률 5위 안에 들었다. 한국투자증권 한 곳에서만 판매하는데다 환매수수료를 부과하는 기간도 긴 편이지만 성과가 좋아 단기간에 투자자금도 몰렸다. 만들어진 지 1년 5개월 만에 설정액이 7,825억 원을 기록했다. 원금에 수익을 합한 순자산NAV은 이미 1조 원을 돌파했다.

김광진 팀장, 가수 펀드매니저는 적립식으로 가입

● ● ● 다음으로 소개할 김광진 동부자산운용 조사분석팀장은 '증권맨'이기에 앞서 우리에게 아주 친근한 사람이다.

"믿을 수 있나요, 나의 꿈속에서…" 이 노래를 모르는 사람이 있을까.

"그토록 바라던 시간이 왔어요…" 결혼식장에서 누구나 한번쯤은 들어봤을 법한 '단골 축가 메뉴'다.

김광진 팀장은 바로 '마법의 성' '사랑의 서약' '여우야' 등을 부른 작곡가 겸 가수 '김광진'이다.

김광진 팀장은 삼성증권 국제부에서 금융섹터 담당 애널리스트를 하던 시절 '더 클래식' 음반을 낸 것이 큰 인기를 모았다. 그러던 그가 이제 증권가에서 이름을 알리게 됐다. 김 팀장이 기업 분석을 맡아 운용하고 있는 '동부TheClassic진주찾기주식' 펀드는 국내 주식형 펀드 가운데 2007년 3분기까지, 누적수익률 3분기까지 수익률 1

가수 김광진 씨. 지금은 동부자산운용에서 기업 분석을 맡고 있다.

위를 차지했다.

이 펀드는 2007년 연초 이후 9월 19일까지 무려 58.38%의 수익률을 기록했다. 중소형주 비중이 높은 펀드지만 대형주 펀드도 편입하고 있어서 중소형주의 수익률이 좋지 않았던 2~3분기에도 상대적으로 안정적인 성과를 낼 수 있었다.

이 펀드는 유망한 중소형주를 60%, 저평가된 대형주를 40% 정도 담고 있다. 2006년 7월 21일에 설정돼 2007년 10월 21일 현재 수탁액이 444억 원이다.

펀드 이름도 김 팀장이 가수로 활동하던 시절 그룹명인 '더 클래식'을 따서 지었다. 가수와 펀드 운용은 언뜻 공통분모가 없는 직업 같다. 하지만 김 팀장은 "둘다 사람의 마음을 꿰뚫어야 하는 직업"

이라며 "닮은 게 많다"고 말했다.

"가수는 대중들이 좋아할 만한 곡을 쓰고 불러야 합니다. 자기만 좋아하는 노래를 만들 수는 없잖아요. 기업을 분석하고 펀드를 운용할 때는 시장이 수긍할 만한 타당한 논리로 투자해야 합니다. 투자자들의 동향에 따라 시장이 변하니까요. 그걸 빠르게 캐치해야죠."

김 팀장은 자신의 두 자녀 이름으로 '진주찾기펀드'를 가입했다. 매달 20만 원씩 납입하는 적립식이다.

"요즘같이 등록금이 빠르게 오르고 사교육비도 많이 들어 버는 돈만 쌓아서 그걸 다 감당하기 어렵습니다. 매달 20만 원씩 두 아이 앞으로 투자하면 큰 부담도 없고 나중에 목돈이 필요할 때 요긴하게 쓸 수 있을 겁니다. 20만 원씩 적립한 돈으로 만들어진 돈은 우리 아이가 20대 중반이 되어 사회생활을 시작할 때 자기가 하고 싶은 것을 할 수 있는 든든한 후원자가 될 것으로 확신합니다."

펀드가 아이들의 미래를 일정 부분 책임지고 있으니 김 팀장이 발로 뛰어 열심히 좋은 기업을 찾아다니지 않을 수가 없다.

김 팀장은 "아직 회사 규모도 작고 펀드 규모도 작은 편이라 시장을 리드할 수 없으니 싼 종목을 사서 기다린다."며 "5명의 애널리스트가 지난 1년간 1,000군데 넘는 기업을 찾아다녔다."고 말했다. 품이 많이 드는 펀드인 셈이다.

'진주찾기펀드'는 상대가치투자 방법이란 전략을 사용한다. 업종 내에서 가장 싼 종목으로 계속 갈아타는 기법이다. 이 때문에 회전

율이 높은 편이지만 전체 시장과 업종 비중을 유사하게 가져가서 시장과의 변동성을 줄인다. 진주찾기펀드는 현재 50개 종목을 편입하고 있다. 이 가운데 현재(2007년 9월 19일 기준) 비중이 높은 종목은 대한해운, 태광, 시노펙스, 토필드, STX팬오션 등이다.

박찬 팀장, 인덱스펀드로 우리 아이에게 선물을

● ● ● 　2007년, 주식시장은 코스피지수가 2,000포인트를 돌파하는 등 강세였지만 시장에서 소외된 주식도 적지 않았다. 펀드도 마찬가지였다. 주식형 펀드가 2007년 한해 높은 수익을 냈지만 '고수익'에서 소외된 펀드들도 적지 않다.

이럴 때일수록 안전하게 지수를 따라가는 펀드가 '인덱스펀드'다. 인덱스펀드는 수익률 변동성이 적고 일반 주식형 펀드보다 보수가 저렴해서 장기로 투자하기에 알맞은 상품이다.

교보투신운용의 '교보파워인덱스파생상품'을 운용하는 박찬 교보투신운용 AIS팀장은 "주식시장이 강세일수록 종목별 차별화가 심하다."며 "이럴 때일수록 지수를 따라가는 인덱스펀드 투자가 매력적"이라고 말했다. 인덱스펀드는 주식형 펀드보다 많은 종목에 나눠 투자해 지수를 따라가도록 운용하는 펀드다. 지수를 추종하기 때문에 비교적 안정적인 수익을 낸다.

교보투신운용의 '교보파워인덱스파생상품투자신탁1호'는 시장 수익률을 따라가는 '인덱스펀드'지만 웬만한 주식형 액티브 펀드 못지않은 높은 수익률을 올렸다. 한국펀드평가에 따르면 2007년 12월 14일을 기준으로 교보파워인덱스파생상품투자신탁1-B 펀드는 수탁액 4,461억 원으로, 6개월 수익률 14%, 1년 누적 수익률 42.6%를 기록했다.

박찬 팀장 역시 2006년 8월에 태어난 딸아이를 위해 자신이 운용하는 교보파워인덱스파생상품1호 펀드에 가입했다. 그는 1년간 투자한 뒤 연 30%를 웃도는 수익을 내고 환매했다. 그가 펀드를 환매한 이유는 아이에게 특별한 '선물'을 해주고 싶었기 때문이다.

박 팀장은 펀드를 환매한 돈과 돌 때 받은 돈을 더해 '그림'을 선물해줄 생각이다. "아기 방에 걸어줄, 아이가 좋아할 만한 그림을 열심히 고르고 있어요. 아내가 반대하고는 있지만 그림을 사서 주는 게 지금의 아이를 위해 더 좋지 않을까 하는 생각에서 결심한 겁니다."

박 팀장은 "내가 운용한 펀드로 아이에게 뜻있는 선물을 사줄 수 있어 기쁘고 뿌듯하다."며 "내가 투자자의 입장일 때 정말 가입하고 싶은 펀드'를 만드는 게 목표"라고 말했다.

이 펀드가 장기로 투자하는 데 유리한 이유가 한 가지 더 있다. 인덱스펀드 중에서도 보수가 싼 편이기 때문이다. 일반 주식형 펀드는 연 2.0~2.5%의 보수를 떼지만 리서치 비용이 적게 드는 인덱스펀드는 평균 보수가 1.4% 수준이다. 교보파워인덱스파생상품의 총 보수는 연 0.76%로 인덱스펀드 중에서도 최저 수준이다.

펀드 규모를 크게 굴릴 수 있었기 때문에 초기부터 과감하게 운용보수를 낮출 수 있었다. 박 팀장은 "인덱스펀드는 적은 인력으로도 큰 자금을 굴릴 수 있기 때문에 '규모의 경제'가 작용한다."며 "교보파워인덱스파생상품 펀드는 교보생명의 변액보험 자금이 유입될 예정이었기 때문에 자금규모가 작았던 처음부터 보수를 파격적으로 낮출 수 있었다."고 설명했다.

해외엔 이런
어린이 투자 상품이 있다

1980년대만 해도 '아들 딸 구별 말고 하나만 낳아 잘 기르자'는 말이 구호처럼 따라 붙었다. 우표에까지 어린아이 그림과 함께 이 구호가 쓰일 정도였다. 그러던 것이 불과 몇 년 새 정반대로 바뀌었다. 이제는 아이 많이 낳는 사람이 '애국자'다.

사실 지금의 부모들은 아이 하나 기르기도 벅차다. '우리 아이는 영어, 수학 과외에다 악기 하나쯤은 해야 하고 운동도 잘 해야 한다.' 아이들 교육비를 마련하느라 부모들은 자신들의 노후생활을 준비할 새도 없이 허리가 휜다.

우리나라는 지금 저성장 국면에 있지만 그 와중에도 교육비용은 눈덩이처럼 커져만 가고 있다. 사교육비의 상승률과 가계의 교육비 부담은 그야말로 '세계 최고 수준'이다. 여기에다 사회의 양극화 및 급속한 노령화의 진행이라는 문제까지 직면해 있는 상황이다.

우리보다 이러한 시기를 먼저 겪은 선진국들은 생애 재무설계Life Cycle Financial Planning를 통한 자금마련 필요성을 절실하게 느꼈다. 이들 선진국들이 택한 해결책은 다름 아닌 '어린이펀드'였다.

어린이펀드는 주로 '교육 자금 마련'과 '자녀 경제교육'이라는 두 가지 중요한 기능을 수행한다. 어린이펀드는 부모와 어린이들의 경제·금융 교육을 통해 사회적 책임이라는 공익적인 측면까지 수행하고 있다. 따라서 부모, 자녀 그리고 국가 입장에서 적극적으로 권장하고 확산시켜야 할 상품으로 떠오르고 있다.

그렇다면 해외 선진국들은 어떻게 어린이펀드를 권장하고 있을까. 일찍부터 금융이 발달해 있던 선진국들도 어린이펀드에 눈뜨기 시작한 건 2000년대에 들어선 뒤다.

미국에는 529플랜529 College Saving Plan이라는 게 있다. 529플랜의 경우에는 지난 2000년부터 2005년까지 자산규모는 26억 달러에서 687억 달러로 급증했다. 계좌수는 30만 계좌에서 620만 계좌로 증가했으며 2006년 9월 현재 계좌당 평균 자산 규모는 1만 1,800달러에 이른다.

영국에서는 2002년 9월 차일드 트러스트 펀드Child Trust Fund를 도입한 이후 영국 초등학생의 저축액이 도입 전보다 4배 이상 증가했다. 이미 선진국 시장에서는 어린이펀드가 학부모들 사이에서 가장 인기가 높은 상품 중 하나로 부상하고 있다.

미국의 529플랜, 영국의 차일드 트러스트 펀드, 캐나다의 런 세이브Learn Save 등 선진국들의 어린이펀드는 대부분 정부의 주도 아래에서 법률과 제도가 정비된다. 동시에 각종 세제 혜택과 지원 확대가 이뤄지면서 본격적으로 성장하기 시작했다.

이와 함께 어린이들이 조기에 경제 및 금융 교육을 받도록 강화하는 조치도 뒤따르고 있다. 미국의 경우 2001년 조기 금융교육 법안이 통과됨에 따라 금융교육에 재정지원이 이뤄지고 있다. 2004년에는 청소년 경제교육을 전담하는 재무부 경제교실이 조직됐으며 2006년에는 경제과목이 고교졸업시험에서 필수과목으로 지정되기도 했다.

또 영국에서는 2002년 차일드 트러스트 펀드를 도입한 이후 2004년 정부 주도의 금융역량개발 국가전략을 발표했다. 2007년에는 금융역량 장기 발전계획을 발표해 저소득층, 장애인, 청소년들의 금융자산 축적을 지원하고 있다.

이처럼 금융 선진국에서는 어린이펀드가 교육자금을 마련하는 기회가 될 뿐만 아니라 청소년의 금융 가치관, 경제 마인드 확립 등 사회적, 교육적 차원에서도 중요한 역할을 담당하고 있다. 정부가 앞장서서 어린이펀드를 이끌고 지원하는 것은 당연한 얘기다.

미국의 529플랜

● ● ●　미국의 교육저축제도인 529플랜은 자녀의 대학 학자금 마련을 목적으로 저축하는 제도다. 2001년 경제성장 및 조세경감법The Economic Growth and Tax Relief Reconciliation Act of 2001, EGTRRA 입법으로 소득세가 면제됨에 따라 최근 미국에서 폭발적으로 성장했다.

529플랜의 전체 자산은 2000년 말 이후 2년 반 동안 약 4배 성장했다. 2000년 말 86억 달러에서 2001년 말 156억 달러, 2002년 말 268억 달러, 2003년 6월 말 354억 달러로 늘어났다.

우리나라의 경우 가구당 소비지출 중 자녀 교육비가 높은 비중을 차지하고 있지만 세제혜택 등 교육저축에 대한 제도적인 여건이 미흡한 실정이다. 미국의 529플랜과 같이 세제혜택을 부여하고 장기저축을 유도할 수 있는 교육저축제도의 도입이 필요하다.

영국의 차일드 트러스트 펀드

● ● ●　펀드 역사가 오래되고 금융시스템이 발달한 미국과 영국의 경우에서도 2000년대 들어와서야 본격적으로 정부차원에서 교육저축제도를 도입하고 지원하기 시작하

였다.

　이러한 지원을 통해 부모들은 자녀의 출생과 동시에 학자금 마련을 위한 저축을 장려하고 어린이에게 금융 지식과 저축 의식을 고취하고 있다. 영국의 '차일드 트러스트 펀드'는 어린이들에게 어린이펀드의 가입을 강제하며 세제혜택을 주고 있다. '529플랜'과 '차일드 트러스트 펀드' 모두 어린이펀드 가입자에게 소득세 및 증여세 면제 등 세제 혜택을 부여하고 있으며, 미국의 경우 2001년 소득세 면제 이후 규모가 폭발적으로 증가했다. 더불어 미국과 영국은 조기 금융교육을 위한 법안과 금융역량 개발을 위한 학부모의 금융교육들을 체계화하는 등 금융에 대한 국민들의 인식 수준을 올리는 작업을 병행하며 어린이펀드의 대중화를 적극 지원하고 있어 현재의 금융선진국의 위상을 더욱 공고히 지켜나가고 있다.

　국내에서 어린이펀드를 통해 받고 있는 증여세 공제는 '상속세 및 증여세법'에 따라 미성년자에게 일반적으로 부여되는 법적용 사항이지 어린이펀드에만 특별히 부여된 세제혜택은 아니다. 국내 어린이펀드의 대중화를 위해서는 금융선진국의 사례와 국내 펀드시장의 현실에 비추어 볼 때 세제혜택의 확대가 가장 핵심적인 성공의 열쇠일 것이다. 영국의 차일드 트러스트 펀드처럼 보조금 지급까지는 현실적으로 어렵더라도 어린이펀드로 장기간 투자할 경우 '비과세 혜택'을 주고 '증여세 면제'를 병행하는 등 세제혜택의 방향을 국내 펀드시장의 특수성에 맞게 조정하려는 노력이 절실하다.

금융 IQ와 금융 EQ를 높이자

금융 IQ가
우리 아이 인생을 좌우한다

자주 접하면 금융도 쉬워진다

● ● ● ● '돈이란 무엇인가' 라는 질문을 받았을 때 명쾌하게 대답하는 사람이 드물다. 돈을 많이 벌어 부자가 되고 싶어 하는 사람은 많지만, 정작 돈이 무엇인가에 대해선 제대로 알지 못한다. 돈이 무엇인지 모르기 때문에, 돈을 벌고 싶어도 잘 벌리지 않는다.

호랑이를 잡으려면 호랑이에 대해 자세히 연구한 뒤 호랑이가 사는 곳으로 가야 한다. 호랑이가 무섭다고 호랑이 근처에 가지 못하면 평생 호랑이를 잡을 수 없다.

돈도 마찬가지다. 돈을 잘 알고 돈을 사랑해야 돈이 나를 좋아한다. 나만 돈을 좋아해서는 돈을 벌기가 쉽지 않다. 연애할 때 내가 좋아서 쫓아다니는 것보다 상대편이 나를 좋아해 쫓아다니도록 하는 편이 훨씬 성공할 가능성이 높은 것처럼, 돈이 나를 좋아 졸졸 쫓아 다녀야 돈이 술술 벌린다. 돈이 나를 좋아해 따라다니게 하려면 돈을 잘 알아야 한다. 돈이 좋아하는 것을 해야 돈도 나를 좋아하는 것은 당연한 이치다.

'돈은 악마의 물건'이라며 경원시하거나 '돈은 신神'이라며 숭배하는 것보다 돈의 주인이 되는 게 중요하다. 돈의 주인이 되면 돈은 자유와 행복을 가져다준다. 자신의 가치와 힘을 깨닫게 되고 사랑과 우정을 꽃피우게 하는 마법의 힘을 발휘하기도 한다.

돈은 겉보기에 단순한 종이(지폐)와 금속(동전)이다. 이런 돈이 악마가 되느냐 천사가 되느냐는 돈을 사용하는 사람 됨됨이에 달려 있다. 돈을 천사로 만들어 사용하는 능력, 그것이 바로 금융의 IQ와 EQ다.

1889년 3월 31일 프랑스 파리에 에펠탑이 세워졌다. 프랑스 대혁명 100주년을 맞이해 열린 만국박람회의 기념 조형물 자격이었다. 당시 에펠탑 건립 계획과 설계도가 발표되자 파리 시민들과 예술인들은 대대적인 반대 시위에 나섰다. 금속조각 1만 5,000여 개를 250만 개의 나사못으로 연결시켜 높이 320.75m, 무게 7,000t의 흉물스런 철골 구조물이 파리의 고풍스런 분위기를 망쳐 놓을 것이라는 이유에서다. 격렬한 시민의 저항에 직면한 프랑스 정부는 20년 뒤에 에펠탑을 철거한다고 약속하는 조건으로 건설을 강행했다.

20년이 지난 1909년에 에펠탑 철거 주장이 거셌지만 탑 꼭대기에 설치된 전파 송출 장치 덕택에 살아남았다. 그 뒤에도 철거 논의는 이어졌지만 120년 가까이 지난 현재 에펠탑은 파리의 상징이 되었다. 매년 프랑스를 찾는 관광객이 3,000만 명 가까이 되고, 그들은 에펠탑을 보기 위해 파리에 간다.

에펠탑처럼 처음에는 어색하고 정이 안 가던 것도 자주 보면 볼수록 그럴듯하게 여겨지고 애정마저 갖게 되는 현상을 단순노출효과Mere Exposure Effect 또는 에펠탑효과Eiffel Tower Effect라고 한다. 정치인들이 비록 좋지 않은 일이더라도 신문이나 방송에 자주 등장하는 것을 더 선호하는 것도 이런 효과를 알기 때문이다. 아무런 이벤트가 없어 유권자들의 기억에서 사라지는 것보다는, 좋은 일이든 나쁜 일이든 자주 얼굴이 언론에 등장하는 것이 유권자들의 관심에 남아 있어 득표에 유리하다는 것이다.

금융도 마찬가지다. 처음에는 매우 어렵게 느껴지고 나하고는 상관없는 일처럼 여겨진다. 하지만 관심을 갖고 경제신문을 읽는다든가, TV에서 금융 관련 뉴스를 자주 듣고, 서점에 가서 금융 관련 책을 사서 읽다 보면 자연스럽게 익숙해진다.

인간관계도 마찬가지다. 평소에 자주 안부전화도 하고, 가끔 만나야 좋은 관계를 유지할 수 있다. 평상시에는 아는 척도 안하다가 필요할 때 다급하게 찾아 부탁하면, 그런 부탁이 제대로 해결되지 못한다.

금융도 평소에 익숙하게 다루어야 필요할 때 유용하게 활용할 수 있다. 나는 물론 우리 아이들도 금융과 투자에 익숙하고 준비하고 있어야 인생을 풍요롭고 자유롭게 살 수 있다. 그것이 돈의 노예가 아닌 주인으로서 풍요로운 삶을 사는 출발점이 된다. 워렌 버핏이나 슈워제네거는 물론 신철식 전 국무조정실 차장이나 이채원 밸류자산운용 전무 등, 스스로 부자가 되고 자녀들에게도 부자가 될 자질을 물려주는 사람들은 모두 금융에 매우 익숙한 사람들이다.

돈에 대한 이중적 태도에서 벗어나라

● ● ● 우리나라 사람들은 돈에 대해 이중적인 태도를 많이 보인다. 돈이 삶의 유일한 목표인 것처럼 돈을 벌고 있지만, 돈에 대해서는 필요 이상의 도덕률을 들이댄다. 돈을 밝히고 돈에 대해 얘기하는 것은 천박한 일이라고 폄하한다.

중·고등학교나 대학교에 다니는 아들이나 딸이 '아르바이트를 하겠다'고 할 때 선뜻 허용하는 부모는 거의 없다. '학생이 공부나 열심히 할 일이지 무슨 돈을 벌겠다고 아르바이트를 하느냐'며 핀잔을 준다. 또 어렵게 아르바이트를 허용하는 경우에도 '아르바이트는 돈을 벌기 위해서 하는 것이 아니라 사회 경험을 쌓고 현실을 배우기 위해서'라는 그럴듯한 명분을 댄다. '돈은 아빠와 엄마가 벌 테니 너희들은 공부나 열심히 하는 게 효도하는 것'이라는 잔소리를 붙이는 건 물론이다.

하지만 돈은 공짜로 생기는 게 아니라는 것을 자녀들에게 확실히 심어주는 게 중요하다. 돈은 절대로 '돈 나무'에 주렁주렁 열리지 않는다. 돈이 필요할 때 '돈 나와라 뚝딱!' 하면 쓸 만큼 쏟아지는 것도 아니다. '돈이 없다'고 할 때 '현금인출기에서 찾으면 되지 않느냐'고 하는 자녀를 그냥 두는 것은 자녀들의 미래를 위해서 매우 곤란하다.

돈이 필요하면 아르바이트를 해서라도 직접 벌어보도록 하는 게 중요하다. 그래야 노동의 가치도 알고 돈의 소중함도 절실히 깨닫는다. 부모가 쉽게 준 돈은 쉽게 쓴다. 소득이 없는 대학생은 물론 중·고등학생에 이어 초등학생에게까지 핸드폰을 사주고 통신비를 주는 것은 큰 문제다. 돈을 버는 방법과 돈 버는 것이 얼마나 어려운 것인지를 모르는 상태에서 돈을 쉽게 쓰는 것부터 배우도록 하는 것은 앞뒤가 맞지 않는다.

게다가 쉽게 쓴 돈을 부모가 너무도 쉽게 갚아주는 것은 자녀들의 의존성을 키우는 악영향을 키운다. 소비를 절제하지 못하고 신용카드를 긁어대 신용불량자로 빠지는 아이들은 부모들의 이런 절제되지 못한 지원에서 비롯되는 경우가 많다.

우리 조상들은 명분과 체념 의식이 강해서, 냉수를 마시고도 이빨을 쓰시는 것이 예의라고 여겼다. 그런 양반의 허세 때문에 조선왕조 말기에 변화하는 시대 흐름을 따라잡지 못하고 나라를 일본에 뺏기는 치욕을 겪어야 했다. 하루빨리 돈에 대한 이중적 태도를 버리고 돈을 진정으로 사랑하는 것이야말로 우리가 부자 되는 지름길이다.

부자가 되고 싶으면 부자가 되고 싶다고 밝히고, 돈을 벌고 싶으면 돈을 원한다고 솔직히 말해야 한다. 나부터 돈에 대한 이중적 태도에서 벗어나야 자녀들에게도 돈에 대한 올바른 태도와 가치를 가르칠 수 있다.

금융 IQ가 인생을 좌우한다

● ● ● 이 세상에는 두 종류의 사람이 있다. 각자 개성을 갖고 다양한 삶을 살아가는 사람을 두 종류로 나누는 이분법은 사람을 너무 단순화하는 잘못을 저지를 수 있다. 하지만 단순한 이분법이 아니라 사람의 특성을 비교하기 위해 여러 가지 카테고리를 만들어 설명한다면 그런 오류에서 벗어날 수 있을 것이다.

우선 이 세상에는 부자와 부자가 아닌 사람이 있다. 성공한 사람이 있는가 하면 실패의 쓴잔을 마시는 사람도 있다. 42.195km에 이르는 마라톤을 완주한 사람이 있는 반면 아예 도전조차 안 한 사람이 더 많다. 행시, 사시, 외시 등에 모두 합격해 '고시 3관왕' 을 자랑하는 사람이 있지만 그중 하나에도 합격하지 못한 사람이 더 많다.

국가도 마찬가지다. 미국처럼 세계경제를 좌지우지하는 패권국이 있고, 영국, 일본 등 1인당 국민소득이 3만 달러를 넘는 부자 나라가 있는 반면 하루 생활비가 1달러도 안 되는 극빈층 나라도 있다.

무엇이 개인과 국가의 운명을 이처럼 가를까? 대부분은 개인의 지적 능력IQ과 부모의 경제적 능력처럼 개인이 어쩔 수 없는 요소가 이 같은 차이를 만들어낸다고 생각한다. 부모가 좋은 대학교를 나왔고 부자이면 자녀들의 지능도 높고 그런 지능을 살릴 수 있도록 경제적 지원을 해주며, 재산도 상속으로 남겨준다는 점에서 타당한 지적이다.

하지만 부자와 성공한 사람 가운데는 부모의 도움 없이도 스스로의 피나는 노력으로 자수성가한 사람도 적지 않다. 당대에 부와 성공을 이룬 사람들은 선천적 요소보다는 후천적 요소를 더 강조한다. 창업자는 큰 부자가 되는 반면 창업자의 2세, 3세로 내려갈수록 부와 성공을 유지시키기가 쉽지 않다는 점에서 그런 주장도 설득력이 있다.

국가도 마찬가지다. 미국이나 러시아, 중국 등 최근에 잘 나가는 나라들은 자원 부국이다. 지하자원이 풍부하고 땅도 넓은 나라가 잘 사는 나라가 될 가능성이 높은 게 사실이다. 하지만 지하자원도 그다지 많지 않고 땅도 좁은 영국이 한때 세계를 제패했고, 일본이 경제대국으로 남아 있다. 또 석유와 각종 지하자원이 풍부한 라틴아메리카 국가나 중동 국가들의 경제수준이 그다지 높지 않다. 풍부한 천연자원이 강한 국가를 만드는 데 필요조건은 될 수 있을지언정 충분조건이 아니라는 것을 보여준다.

개인과 국가를 부자로 만드는 데 중요한 요소는 금융 IQ이다. 평범한 증권사 샐러리맨에 불과했던 박현주 미래에셋그룹 회장은 미래에셋을 창업한 지 불과 10년 만에 한국 자본시장을 좌지우지하는 최대의 큰손으로 부상했다. 박 회장의 개인 재산만 해도 이미 4조 원은 훨씬 넘은 것으로 추정된다. 박 회장의 성공 요인은 '자본시장의 생리를 꿰뚫어 돈을 벌 수 있는 방법을 터득한 금융 IQ'이다.

박 회장은 누구나 할 수 없는 극히 예외적인 경우라고 할 수 있다. 하지만 금융 IQ를 높임으로써 주식시장에서 수십억~수백억 원 이상의 재산을 만들어 낸 사람은 매우 많다. 강방천 에셋플러스투자자문 회장, 선경래 GNG인베스트 대표, 이채원 한국밸류자산운용 전무 등은 제도권에서 활동하는 사람이다. 이밖에도 이름을 드러내기 꺼려하는 이른바 재야고수들도 적지 않다.

우리 아이의 금융 IQ를 높여 이런 사람들처럼 살도록 할 것인지, 아니면 금융 IQ를 높이는 게 어렵다고 방임해 어렵게 살도록 내버려 둘 것인지를 심각히 고민해야 할 것이다.

세상에 공짜 점심은 없다

● ● ●　'호무가탐'이라는 말이 있다. '호랑이는 무서우나 가죽은 탐난다'는 뜻이다. 그런데 이 말은 현실성이 없다. 좋은 호랑이 가죽을 얻으려면 젊고 사나운 호랑이를 찾아가야 한다(물론 돈을 주고 사는 것은 논외로 하자. 비싼 호랑이 가죽을 사려면 많은 돈이 필요하기 때문이다). 하지만 자칫 잘못하면 목숨을 잃을 수 있다. 그렇다고 늙고 힘없는 호랑이는 값어치가 없다. 사냥은 쉬울지 몰라도 가죽은 상품가치가 떨어지는 탓이다. 결국 호무가탐은 위험을 무릅쓰지 않고 이익만을 챙기겠다는 사람들의 얄팍한 욕심을 풍자하는 말이다.

1980년대 초반에 '순간의 선택이 10년을 좌우한다'는 광고 카피가 유행했다. 한 가전제품 회사가 '어떤 가전제품을 고르느냐에 따라 10년 동안 편하게 사용할 수 있다'는 것을 강조하기 위해 사용한 광고 문안이다.

냉장고나 세탁기 같은 가전제품뿐만 아니라 사람의 운명도 어떤 선택을 하느냐에 따라 달라진다. 선택이 중요한 이유는 사람이 하고 싶은 것은 무한하지만, 그런 희망을 충족시켜 줄 자원은 희소하기 때문이다.

예를 들어 하루는 24시간이며 1년은 365일로 제한된다. 사람은 평균적으로 70~80년 정도 살 수 있다. 하루에 텔레비전을 1시간씩 보는 사람과 4시간씩 보는 사람, 그리고 책을 4시간씩 읽는 사람은 어떻게 달라질까? 사람이 80년을 산다고 할 때 하루에 4시간씩 TV를 보는 사람은 약 13년이라는 긴 시간을 '바보상자' 앞에서 낭비하고 있는 셈이다. 그 시간에 책을 봤다면, 그의 지식 및 지혜량은 엄청나게 쌓였을 것이다. 제한되어 있는 시간을 갖고 어떤 사람은 성공적인 삶을 살아가는 반면 대다수의 사람들은 그렇고 그런 삶을 보낸다. 개중에는 신용불량자가 되어 정상적인 인생을 꾸리기 힘든 사람도 있다.

프랑스의 실존주의 철학자인 사르트르는 그래서 "인생은 B와 D 사이의 C"라고 갈파했다. 나서Birth 죽을 때Death까지 끊임없이 선택Choice을 해야 한다는 것을 강조한 것이다.

사람이 선택할 때는 선택하지 않음으로써 잃는 것이 있게 마련이다. 지금 내가 1,000만 원을 갖고 있으며, 이 돈으로 할 수 있는 것이 ① 은행 예금(연 5.0%), ② 적립식 주식형 펀드(잘하면 50%를 낼 수 있지만 손해 볼 가능성도 있음), ③ 주식 직접투자(잘하면 100% 이상의 수익 기대, 반면 원금을 모두 날릴 위험도 있음), ④ 부동산투자, ⑤ 해외여행 등이 있다고 해보자.

만약 내가 큰 맘 먹고 1,000만 원을 갖고 해외여행을 가기로 했다면, 주식에 투자하거나 적립식 주식형 펀드에 가입해서 얻을 수 있는 이익을 포기하는 것이다. 또 여행가서 1,000만 원을 다 썼다면 원금마저 모두 날려 버린 셈이다. 물론 여행에서 다양한 경험을 얻어

삶은 풍부해졌을 것이다.

이렇게 어느 것 하나를 선택했을 때, 선택하지 않음으로써 잃게 되는 것을 '기회비용Opportunity Cost' 이라고 부른다. 현명하고 성공하는 사람은 기회비용을 가장 적게 하는 선택을 하는 사람들이다. 하지만 기회비용이라는 것을 전혀 의식하지 않은 채 되는 대로 사는 사람들의 인생은 내일을 기약하기 어렵게 되는 경우가 많다.

'Y자 신드롬' 이라는 게 있다. 세 갈래 길에 도착했을 때까지는 똑같은 삶을 사는데 교차점에서 어느 쪽으로 가느냐에 따라 인생이 달라지는 현상을 가리키는 것이다. 한동안 미국 LA레이커스에서 맹활약을 하던 농구선수인 매직 존슨과 칼림 압둘 자바라가 은퇴 이후에 매우 다른 삶을 살고 있는 것이 대표적인 예다. 칼림은 이제 이름조차 잊혀질 정도로 조용히 살고 있다. 반면 매직은 LA의 최고층빌딩 등에 투자하는 큰 부자가 되었다. 비슷한 상황에 놓여 있던 두 젊은이가 오른쪽 길이나 왼쪽 길을 선택함에 따라 격차가 더욱 벌어지고 있는 것이다.

유대인들은 13세가 되는 성인식 때 5만 달러 정도를 만들어 주는 선택을 하기 때문에 대부분 경제적 자유를 누리면서 여유로운 삶을 산다. 하지만 10대와 20대에 돈을 모으고 투자하는 것을 배우지 못하고, 오로지 부모로부터 용돈을 받아쓰는 것만 배운 한국의 많은 젊은이들은 평생 경제적 비자유의 멍에를 지고 힘겨운 삶을 살아가야 하는 슬픈 운명을 한탄하고 있다. 부모들이 자녀들에게 금융 IQ

를 키워주지 못하고, 아무런 준비 없이 생존경쟁이 치열한 사회생활에 부딪치도록 방치한 탓이다.

3개의 돈주머니를 만들어라

● ● ● 　미국의 유력 증권사인 챨스 스왑 사장과 굿모닝신한증권 이사회 의장을 역임한 티모시 매카시는 투자에 성공해 부자가 되려면 '3개의 주머니'를 준비하라고 조언한다. 티모시는 '어머니의 불행'을 옆에서 지켜보면서 투자의 기본을 철저히 몸에 익혔다고 한다.

어머니의 불행은 그가 고등학교를 졸업하기 전에 아버지가 교통사고로 돌아가시면서 시작됐다. 일가족의 생계를 책임지게 된 어머니는 아버지가 남겨 놓은 재산과 생명보험금 등을 증권회사에 가서 25년 만기 채권을 샀는데 금리가 오르는 바람에 채권가격이 떨어져 재산이 절반으로 줄었다. 그런데 채권을 팔아버리고 나니 금리가 떨어져 채권 값이 올랐다. 손해 본 재산을 만회하기 위해 주식에 투자했다가 또 손해를 봤다. 그 뒤 어머니는 돈을 모두 찾아 예금에 넣었다. 하지만 이번에는 주식시장이 활황을 보여 돈 벌 기회를 잃고 말았다. 이 때문에 그의 가족은 줄곧 가난에서 벗어나지 못했다.

티모시는 어머니의 이런 불행을 보고 3개의 주머니를 준비하는 게 매우 중요하다는 사실을 뼈저리게 느꼈다. 3개의 주머니는 어떤 일이 있어도 그것의 당초 목적으로만 써야지, 급하다고 해서 다른 용도로 쓰면 인생이 꼬이고 어렵게 된다는 것이다.

첫째 주머니는 생계용 저축 주머니이다. 이 주머니는 누구나 꼭 갖고 있어야 하는 것이다. 매일매일 써야 하는 생활비나 자녀의 학자금 및 예기치 못한 상황, 즉 갑자기 아플 때 병원에 가야하는 경우에 대비한 비상금 등을 모아두는 주머니이다.

이런 자금은 필요할 때 즉시 빼서 써야 하기 때문에 은행의 보통예금이나 증권회사의 CMA 등에 예치해 둔다. 비록 금리 측면에서는 손해를 볼지라도 급할 때 꺼내 써야 하는 편의성이 더 중요한 것이 생계용 주머니이다. 생계용 자금을 만기가 긴 투자 상품에 넣어두면 수익률은 좀 높일 수 있지만 비상사태가 생겼을 때 돈을 마련하지 못해 고생하는 경우가 있다. 필요 이상으로 생계용 자금을 많이 남겨두는 것도 문제이지만, 너무 적게 할당하는 것도 생활의 여유를 빼앗아 간다는 점에서 바람직하지 않다.

둘째는 오락용 주머니이다. 여기에는 주식, 채권, 선물, 옵션 등을 단기간에 사고팔아서 수익을 내려는 자금을 넣어서 관리한다. 단기간에 자주 매매한다는 뜻의 트레이딩Trading은 투자의 한 방법이다. 다만 트레이딩은 위험을 각오하고 단기에 고수익을 올린다는 점에서 투자라기보다는 투기에 가깝다고 할 수 있다.

따라서 오락용 주머니에는 보유자산의 20% 이내만 넣어두어야 한다. 투자에 실패하더라도 노후생활에 타격을 주어서는 안 되기 때문이다. 트레이딩 주머니에 있는 돈으로는 말 그대로 오락용이라고 생각하면서 운용하는 게 좋다. 운이 좋아 이익을 내면 그 돈으로 여행을 한다든지 취미용 악기를 사는 데 쓰면 된다. 설령 9·11테러 같은 상황에 부닥쳐 손해를 보더라도 재미를 위한 오락을 했다고 하면 된다.

셋째는 재산축적용 주머니로 젊었을 때 가장 중요하게 마련해야 할 것으로 자산형성용 주머니다. 이 책의 주제인 '우리 아이 1억 만들기'를 위한 주머니도 바로 재산축적용 주머니의 하나다. 저금리와 노령화가 진전되면서 재산축적용 주머니를 얼마나 튼튼하게 만드느냐가 은퇴 이후 생활의 질을 좌우하게 된다.

'자본가 정신'을 가르쳐라

● ● ● 개인 자산은 은퇴한 이후에도 늘어나는 경향이 있다. 사람들은 자신을 위해서만 저축하는 것이 아니라 자녀와 손자에게 유산으로 남겨주기 위해서도 저축하기 때문이다. 경제학에서는 유산을 남겨주기 위해 저축하는 것을 '왕조 모델'로 설명한다.

왕조 모델이란 사람은 자신뿐만이 아니라 자녀와 손자를 고려한 가정을 하나의 왕조로 보고 효용을 극대화하려고 한다고 본다. 자녀가 있는 가정의 저축률이 무자녀 가정보다 높으며 결과적으로 더 많은 유산을 형성한다는 것이다.

하지만 미국과 일본에서 부유층과 가계전체를 대상으로 조사한 결과에 따르면 유산을 남겨주기 위해 저축한다거나, 자녀가 많을수록 저축률이 높다고 할 수 없었다.

캐롤Caroll이나 박시Bakshi 같은 경제학자들은 부유층들의 저축 행태가 일반인들의 저축 행태를 설명하고 있는 기존 경제이론에서 설득력 있게 설명할 수 없다며 '자본가 정신Capitalist Sprit 모델'을 새롭게 제시하고 있다.

자본가 정신 모델은 개인의 효용함수에 부富 자체를 포함시키는 것이다. 즉 부자는 소비와 여유만으로 만족감을 얻는 것이 아니라 부를 축적하는 것 자체에서도 똑같은 만족감을 얻는다는 설명이다. 즉 자산이 많아질수록 더욱 많은 자산을 형성하기 위해 노력한다는 것을 의미한다.

자본가 정신 모델이 옳으냐 그르냐를 따지는 것은 학자들의 몫으로 남겨두겠다. 다만 여기서 지적하고 싶은 것은 부자가 되려면 저축해서 돈을 모으고, 투자해서 돈을 불리며, 모으고 불린 돈을 지키는 것 자체를 즐겨야 한다는 점이다.

실제로 자수성가로 부자가 된 사람들을 만나보면 돈을 버는 일 자체를 즐긴다. 박대연 티맥스소프트 창업자는 결혼도 포기하고 컴퓨터 소프트웨어 원천기술을 개발하는 데 인생을 걸었다. 추석과 설 연휴는 물론 여름휴가도 없이 오로지 미들웨어와 운영체계O/S 및 데이터베이스DB 엔진을 개발하는 데 열중하고 있다. 그 결과 박대연 씨는 티맥스소프트의 기업가치를 1조 원 이상으로 키울 수 있는 확실한 기반을 닦았다.

사람은 스스로 즐기는 일을 할 때 가장 잘 할 수 있다. 하고 싶은 일을 할 때는 스트레스를 받지 않고 흥얼거리며 하기 때문에 성과도 높아진다. 부자 되는 일을 좋아하고 즐겨 할 때 우리들이 부자 되는 날도 그만큼 빨라질 것이다.

우리가 부자가 될 때 우리 아이들이 부자 되는 것도 앞당겨진다. 내가 먼저 자본가 정신을 배우고 익힌 뒤 우리 아이에게도 가르치는 것이 중요하다. 20대 중반까지 1억 원의 종자돈을 마련해주는 것은 부모가 해야 할 일이지만, 그렇게 만들어 준 1억 원을 종자돈으로 지키고 불리는 것은 우리 아이의 몫이기 때문이다.

금융 EQ,
금융 IQ 못지 않게 중요하다

왜 금융 EQ인가 : 야구공이 멀리 날아가는 이유

● ● ● 1996년부터 2006년까지 10년 동안 국제연합UN의 수장을 지낸 코피 아난 전 UN 사무총장은 가난한 나라인 가나 출신이다. 그는 UN 사무총장에 취임한 뒤 '개혁총장'으로 불리며 유엔개혁과 세계평화에 기여한 공로로 2001년에 현직 사무총장으로서는 처음으로 노벨평화상을 받았다.

그는 UN 사무총장 시절, '어떻게 성공했습니까' 라는 기자들의 질문에 대해 다음과 같이 대답했다.

"저는 어렸을 때 조지아 주의 아틀란타 야구장에서 구두를 닦는 소년이었습니다. 어느 날 야구감독의 구두를 닦게 되었을 때 '감독

님, 야구공은 어떻게 멋지게 포물선을 그리며 날아가나요' 라고 물어
보았습니다. 그러자 그 감독은 '야구공을 보거라. 거기에는 실로 꿰
맨 자국이 있다. 그 상처자국 때문에 야구공이 멀리, 높이 날아간단
다' 라고 대답했습니다."

감독의 이 말은 그의 인생을 바꿔놓았다. 실로 꿰맨 상처자국이
공을 멀리 보낸 원동력임을 알고 나서 코피 아난은 자기의 어려운
상황을 야구공의 실밥으로 생각한다. 어릴 때의 뼈아픈 상처는 야구
공의 실밥이 되고, 자기는 야구공이 되어 멀리 날아가는 꿈을 꾸게
된 것이다.

이 사건 이후 코피 아난은 불우한 환경을 더 이상 핸디캡으로 여
기지 않았다. 아프리카 가나에서 태어나 고달픈 어린 시절을 보냈던
아픈 기억은 오히려 성공을 위한 밑거름으로 작용했다. 그가 유엔본
부의 임시직에 취직하려고 지원서를 낼 때 "누구보다 한 시간 일찍
출근해 가장 늦게 퇴근하겠다."고 쓸 수 있었던 것은 이런 인식의 힘
이었다.

코피 아난의 성공 요인은 야구감독의 말을 가슴속 깊이 새기고 의
미를 부여한 그의 감성Emotion이었다. 보통 사람들은 그냥 흘려버리
고 마는 야구감독의 말을 자신의 인생과 결부시켜 성공의 밑거름으
로 만들 수 있는 감수성Sensitivity과 일생동안 그것을 잊지 않고 실천
함으로써 성공을 일구어 낸 의지Will와 실천Practice이 함께 어우러져
'세계의 대통령' 으로 통하는 UN 사무총장을 할 수 있었던 것이다.

감수성이 없는 사람은 아무리 좋은 말을 들어도 그냥 흘려버리고 만다. 하지만 감수성이 풍부한 사람은 시인의 촉각을 갖고 평범한 말과 사물에 감탄하고, 그런 감동을 가슴속 깊이 간직하며, 시간이 날 때마다 꺼내본다. 그런 과정이 자기도 모르게 성공으로 이끄는 힘으로 작용하는 것이다.

감성이 풍부한 사람은 코피 아난처럼 자신이 갖고 있는 단점(핸디캡)에 절대로 굴복하지 않는다. 오히려 그런 핸디캡을 바탕으로 더 강한 성공의 원천을 찾아 실천한다.

잭 웰치 전 GE 회장은 말을 더듬는 버릇이 있었다. 주변 사람들은 말을 더듬는 사람을 놀리는 경향이 있다. 하지만 그의 어머니는, '그건 네가 너무나 똑똑하기 때문이지. 어느 누구의 혀도 네 똑똑한 머리를 따라올 수는 없을 거야'라고 말하곤 했다. 머리가 너무 똑똑하여 혀가 미처 머리의 회전을 따라가지 못한다는 뜻이다. 잭 웰치는 어머니의 이런 격려를 가슴에 깊이깊이 새기고, 어디에서든 당당하게 말하고 행동함으로써 20세기 최고의 경영자 중 한 사람으로 성장할 수 있었다.

어느 날 어떤 회사에 화가 잔뜩 난 고객이 찾아와 거세게 항의했다. 과자 봉지 속에 이물질이 들어가 있었으며, 그것을 발견하기 전에 이미 과자를 몇 개 먹었다는 것이다. 직원들은 "죄송합니다." "어떻게 배상해 드리면 될까요?" 등의 말로 그 고객을 달랬지만 사정은 나아지지 않았다.

그때 사장이 나타나 한마디를 하자 그 고객은 "온갖 변명이 아닌 그 한마디가 듣고 싶었다."며 화를 풀었다. 사장의 한마디는 바로 "몸은 괜찮으십니까?"였다.

21세기는 감성이 풍부한 사람이 잘 나가는 시대다. 고객이 불만을 제기할 때, 과거에는 회사의 입장에서 고객을 잘 이해시키고 설득하여 돌려보내는 직원이 선호되었다. 하지만 지금은 진심으로 고객의 입장이 되어 생각하고 해결책을 모색해주는 사람이 더 선호된다. 고객의 요구를 자기의 일로 간주하고, 자기 또는 동료의 실수를 뼈아프게 생각하고 다시는 그런 실수를 반복하지 않으려고 다짐하는 사람이 회사 발전에 더 공헌하기 때문이다.

감성지수를 높이는 일은 이제 선택이 아니고 필수다. 우리 아이에게 1억 원을 만들어주고, 내가 부자가 되기 위해서도 금융의 감성지수EQ를 높이는 게 중요하다. 돈과 금융에 대한 지식이 많더라도 돈과 친해지고 돈을 감동시킬 수 있는 감성지수가 떨어지면 돈은 내게서 멀어져 간다. 돈을 자연스럽게 나와 우리 아이의 친구로 만드는 것, 즉 돈에 대한 우리 아이의 감성지수를 높이는 것이야말로 나와 나의 아이를 부자로 이끌어 경제적 자유를 가져다주는 '알라딘의 램프'라고 할 수 있다.

2개의 통장, 나눔을 습관으로

● ● ● ● 돈은 불가사의한 존재다. 죽기 살기로 쫓아다니며 돈을 모으려고 해도 잘 모이지 않는다. 하지만 돈의 소유에 대한 집착을 벗어던지고 남과 함께 나누겠다는 생각을 갖고 실천하면 없던 돈이 생기는 경우가 적지 않다.

돈과 재물은 강물과 같다. 강물은 한곳에 머물러 있으면 반드시 썩는다. 하지만 흐르면 대지를 촉촉이 적시며 곡식을 풍요롭게 키운다. 흐르면서 자신을 나눠줌으로써 함께 커지는 마술을 부린다.

돈과 재물도 한 사람의 곳간에 쌓여 있으면 문제가 생긴다. 주위 사람들로부터 '자린고비' 라는 손가락질을 받는다. 어려운 일을 당했을 때 이웃의 도움을 받기는 불가능하다. 하지만 돈을 이웃에게 나누면(공짜로 나눠주지 않고 약간의 이자를 받으면서 빌려주는 것도 마찬가지다) 이웃사람도 잘 살게 되어 나의 부富도 결과적으로 불어나는 요술이 벌어진다. '나눔의 미학' 은 공동체 사람들이 함께 공존, 공영하는 데 매우 필요하다.

유대인들은 어릴 때부터 이런 나눔의 미학을 가르치고 있다. 자녀에게 통장을 만들어 줄 때 2개를 만든다. 하나는 저축을 위한 통장이고 다른 하나는 남을 위해 쓰는 자선 통장이다. 통장에 넣을 돈을 줄 때(물론 돈도 아무런 이유 없이 공짜로 주지 않고 잔디를 깎는다든지 구두를 닦는다든지 심부름을 한다든지 하는 노력의 대가로 준다) 일정 부분은 자선통장에 넣었다가 남을 돕는 데 쓰도록 교육한다.

이렇게 어렸을 때부터 나눔과 자선을 배우고 실천하기 때문에 유대인들은 남을 돕는 데 주저하지 않는다. 세계에서 가장 큰 부자인 빌 게이츠는 자산의 극히 일부분만 자녀들에게 주고 나머지는 재단을 만들어 남을 돕는 데 쓰고 있다. 제2의 부자인 워렌 버핏도 게이츠가 만든 재단에 수백억 달러를 기부했다.

나눔과 자선도 하나의 습관이다. 어렸을 때부터 배우고 실천했으면 어른이 되어서도 자연스럽게 나눔의 미학을 실천한다. 하지만 한국에서는 어른이 돼서는 물론 어렸을 때조차도 나눔에 대해 배울 기회가 거의 없다. 배우지 못하고 배고픈 한(恨)을 풀기 위해 치맛바람을 일으키고 억척스럽게 돈을 버는 데 혼신의 힘을 기울일 뿐이다. 어릴 때 어려운 사람을 돕기 위해 먹을 것이나 돈을 좀 나눠줬다가 쓸데 없는데 돈 쓴다며 부모에게 엄청 혼난 기억을 대부분이 갖고 있는 실정이다.

이제는 시대가 바뀌었다. 오로지 돈을 벌려고만 할 정도로 경제적으로 어렵지 않게 됐다. 또 부자 방정식이 돈만 축적하는 데서 나눔으로써 함께 부자가 되는 방향으로 바뀌었다. 자녀들에게 1억 원을 만들어 주기 시작하는 그 단계부터 일정부분은 남을 위해, 공동체를 위해 쓰는 게 올바르다는 것을 가르치는 게 미래 우리 사회의 주역이 될 자녀들을 크게 키우는 일이다. 물론 어른들도 2개의 통장을 만들어 남을 돕는 데 솔선수범하는 모습을 보여야 한다.

금싸라기 같은 서울 신촌에 빌딩을 지어 300평을 무료로, 시민을 위한 문화공간으로 내놓은 최호진 아트레온 회장은 "내가 갖고 있는 그릇이 찰 때까지 기다려 나누려고 하기보다 자신의 그릇을 줄이는 게 중요하다."고 강조한다. "그릇이 가득 차면 넘쳐서 다른 사람에게 갈 것이라고 하지만, 그릇이 찰 때쯤이면 그릇을 키워 더 담으려고 하는 것이 사람의 마음이기 때문"이라는 것이다.

남을 돕는 일은 내가 하고 싶은 것을 모두 다 한 뒤에 여유가 있으면 하는 것이 아니라, 일단 돕고 난 뒤에 내 일을 하려는 마음가짐이 중요하다는 설명이다. 이는 저축과 비슷하다. 쓸 것을 다 쓴 뒤 남는 것으로 저축하려고 해서는 평생 저축을 하지 못한다. 일단 소득 중 일정부분을 떼어 내서 저축을 한 뒤 소비를 해야 목표한 금액을 모을 수 있는 것과 마찬가지다.

하이에나로부터 우리 돈을 지키자

● ● ● 　 우리 주위에는 어렵게 모은 우리 돈을 뺏어가기 위해 노리는 하이에나들이 우글거리고 있다. 대표적인 것이 금융사기이다. "이 세상에 공짜 점심은 없다."는 사실만 잊지 않으면 금융사기에 넘어가지 않는다. 하지만 단기간에 큰돈을 벌고 싶은 '대박심리'에 빠져 있는 많은 사람들은 '당신에게만 알려주는

대박 정보’ 라는 유혹에 너무 쉽게 넘어간다.

2007년 상반기, 주식시장에서 자주 등장했던 ‘다단계 피라미드식 주가조작’ 도 대박심리에 빠진 개인투자자들의 희생을 가져왔다. 주가조작 세력은 ‘고수익 보장’ 을 미끼로 다수의 일반 투자자에게 투자자금을 단기간에 대규모로 유치한 다음 L사에 대한 시세조종에 나섰다. 다수의 계좌에서 대규모 자금을 이용, 매매주문을 집중하다 보니 L사 주가는 기록적으로 상승했다. 주가조작 세력은 이 같은 수익률을 바탕으로 다시 자금모집에 나서고, 1차로 참여했던 사람들도 투자자 모집에 나서게 됨으로써 L사의 주가조작에 참여한 투자자는 기하급수적으로 늘어났다. 이 과정에서 L사 주가가 1,200원대에서 4만 원대 후반까지 약 40배 이상 치솟았다.

‘주가조작 초기에 1,000만 원을 투자했다면 40억 원을 벌 수 있다’ 는 것으로 선량한 투자자들을 유혹한다. 하지만 결과적으로 이런 유혹에 넘어간 선량한 투자자들은 피땀 흘려 번 종자돈을 대부분 날려버리고 말았다. 피라미드에 참여하는 사람들이 이어질 때는 주가가 올랐지만, 이런 유혹에 넘어가는 사람이 없어지면서 주가는 곤두박질쳤기 때문이다.

또 인터넷 금융피라미드도 청소년과 주부들의 돈을 노리고 있다. “집에서 컴퓨터로 접속해서 영화만 보면 매달 수백만~수천만 원의 수익을 올릴 수 있다.”며 경제관념이 뚜렷하지 않은 청소년들과 주부들을 유혹하고 있다.

부동산 PEF나 오피스텔 투자에서도 당신의 돈을 노리는 사람이 많다. 전혀 알지도 못하는 부동산 개발업자들이 전화를 걸어 '1년 정도만 투자하면 50~100%의 수익을 낼 수 있는 부동산이 있다' 며 투자를 권유하는 경우가 있다. 당장 돈이 없으면 은행 대출도 알선해준다고까지 한다.

이런 전화를 받으면 '그렇게 확실한 투자기회가 있으면 자기가 직접 투자할 일이지 왜 부동산 개발업자는 잘 모르는 나에게까지 친절하게 전화를 걸어 알려줄까?' 라고 생각해보자. 특히 '은행은 직접 투자하면 높은 수익을 올릴 수 있는데 고작 연 8~9%의 대출이자만 받고 나에게 돈을 빌려주려고 할까?' 라고 의문을 품어보자.

이렇게 누구나 가질 수 있는 정상적인 의문이야말로 우리의 소중한 돈을 빼앗기지 않는 소중한 방어책이 될 수 있다는 것을 항상 잊어서는 안 된다. 내가 이런 유혹에 넘어가지 않는다는 것을 보여줄 때, 우리 아이도 허황된 대박의 꿈을 버리고 착실하게 저축하고 자산을 운용해 당당하고 아름다운 부자로 성장하게 된다.

정부가 도박을 금지하는 진짜 이유

● ● ●　로또나 경마도 우리 아이의 돈을 노리고 있다. 로또는 투자비가 거의 들지 않는 훌륭한 비즈니스다. 아

무런 위험 없이 돈을 벌 수 있기 때문이다. 로또는 판매되는 금액에 따라 환원율(판매금액 중 당첨금으로 돌려주는 금액의 비율, 로또의 경우 50%를 조금 넘는 수준)에 해당되는 금액만을 당첨금액으로 지급한다. 나머지 돈은 복권사업자(정부, 국민은행, KDS 등)가 나눠 갖는다.

환원율이 50%를 조금 넘기 때문에 복권을 사는 사람의 절반 이상은 이미 돈을 잃는 게임이다. 게다가 당첨될 확률도 엄청 낮다. 6개 숫자가 일치해야 하는 1등에 당첨될 확률은 814만 5,060분의 1이다. 확률 이론상 거의 제로(영)에 가까울 정도로 어렵다는 것을 가리킨다. 5개 숫자와 보너스 숫자가 일치해야 하는 2등으로 당첨될 확률도 135만 7,510분의 1이다. 확률로 따지면 거의 불가능하지만 일단 1등으로 당첨되면 적게는 수십억 원, 많으면 백억 원이 넘는 거액을 한꺼번에 거머쥘 수 있다는 '인생 역전'의 기대감으로 로또를 사는 사람이 적지 않다.

이렇게 당첨 확률이 낮은 로또를 사는 이유는 '간식으로 아이스크림을 먹는 대신 꿈을 사려고 하기 때문'이다. 즉 보통 사람들은 '99.9%의 확률로 1만 1,000원을 받지만 0.1%의 확률로 1,000만 원을 내는 복권'보다 '0.1%의 확률로 1,000만 원을 벌 수 있지만 99.9%의 확률로 1만 원을 뺏기는 복권'을 선택하기 때문이다. '거의 확실한 확률로 조그만 이익을 얻을 수 있지만 매우 희박한 확률로 큰 손해를 입는 경우'보다는 '매우 희박한 확률로 엄청난 이익을 얻을 수 있는 반면 조금이지만 확실한 손해를 입는 경우'를 더 선호한다는 것이다.

게다가 로또는 '당첨 가능성을 자신이 높일 수 있다'는 착각도 갖게 한다. 복권번호가 이미 찍혀져 있는 주택복권(로또 발행이 활성화된 이후에는 발행이 중단됐음)의 당첨확률이 더 높지만(물론 1등 당첨금은 로또보다 적다), 로또는 스스로가 당첨될 것 같은 번호 6개를 뽑기 때문에 당첨 확률을 높일 수 있을 것이라는 근거 없는 확신을 갖고 있다는 것이다.

아무튼 인생역전을 위해 로또를 사는 사람 가운데 실제로 인생역전에 성공한 사람은 거의 없다. 비록 1등에 당첨돼 수십억 원을 챙기더라도, 갑자기 생긴 거금을 제대로 관리할 수 있는 능력이 없어 당첨 후 삶은 그다지 행복하지 않은 경우가 많다. 또 로또를 사는 대부분은 당첨의 짜릿함보다 당첨되지 못한 아쉬움을 달래며 쪼그라드는 자신의 재산을 한탄해야 한다.

경마도 마찬가지다. 경마는 경마 시행업체(한국마사회)를 상대로 돈을 거는 것이 아니라 고객 상호간에 돈을 거는 '패리뮤추얼 Parimutual 제도'를 택하고 있다. 예를 들어 과천에 있는 서울경마공원에서 20만 명의 경마 팬이 일요일 제7경주에 총 30억 원의 돈을 걸었다고 가정해보자. 20만 명의 경마 팬은 출주마(경마에 참여하는 말)라는 매개수단을 통하여 20만 명 상호간에 돈을 거는 것이다. 한국마사회는 경마팬 상호간에 걸어 놓은 돈을 최첨단 전산장치로 입력시켜 보관하고 있다가 경주결과가 확정되면 배당금을 배분해주고, 그 대가로 경마팬의 돈에서 일정률을 수수료(수득금)로 공제한다.

이는 근본적으로 로또와 구조가 비슷하다. 판매된 마권 금액, 즉 경마에 참여한 사람들이 건 총 배팅금액 중에서 일정금액(예를 들어 25%)을 수수료로 떼고 난 뒤 남은 금액으로 각 경주마에 배팅한 비율대로 배당금을 결정하는 것이다. 레이스가 펼쳐질 때마다 한국마사회는 총 배팅 금액의 일정비율을 떼기 때문에 절대로 손해를 보지 않는다. 물론 국민들이 모두 이런 구조를 이해하고 경마장을 찾지 않으면 마사회도 손해를 볼 것이지만, 경마가 열리는 날이면 경마장을 찾는 차량으로 북적대는 것을 보면 그런 일은 있을 수 없을 것이다.

정부가 화투나 카드놀이 같은 노름을 법으로 금지시키고, 카지노는 강원랜드처럼 외진 곳에 만들어 놓거나 대도시에서는 외국인만 출입하도록 제한하는 것은 '무위험 고수익 사업'인 로또나 경마로 노름 인구를 집중시키기 위한 것이라고 할 수 있다. 정부에 의한 '수탈 시스템'에 참여하는 것은 자신의 금융지식이 낮다는 것을 스스로 드러내는 것이다. 게다가 어렵게 모은 돈을 스스로 헌납하고 있다는 점에서 땅을 치고 통탄해야 할 일이다.

3가지 눈을 길러줘라

● ● ●　　우리 아이가 목돈을 모으고 부자로
살 수 있도록 하기 위해선 3가지 눈을 갖도록 지도해야 한다. 이는
경쟁력 있는 사람만이 더 많은 성과를 내고 남보다 나은 대우를 받
는 21세기에서 성공하기 위해서도 꼭 갖춰야 할 눈이다.

우선 큰 흐름을 읽을 줄 아는 '새의 눈' 이다. 빌딩이나 공원을 지
을 때 완공된 이후의 모습을 사전에 그려놓는 것을 조감도鳥瞰圖라
고 한다. 새가 위에서 내려다 본 그림이라는 뜻이다. 새는 높이 날면
서 땅위에서 일어나고 있는 트렌드를 크게 본다.

주식투자나 인생설계에 있어서도 시대의 흐름을 정확히 꿰뚫어보
는 게 무엇보다 중요하다. 지금 시대의 중심은 무엇이며, 앞으로 1
년, 5년, 10년 뒤에 중심 산업은 무엇이 될지를 알면 남보다 한발 앞
서 돈을 벌 수 있으며 성공할 수 있다. 2007년에 최고의 주식으로 부
상한 포스코와 현대중공업이 대표적이다. 포스코는 기업인수합병
M&A 재료와 함께 중국 특수 및 신기술 개발 등을 호재로 주가가
150.4%(2007.1.2~10.2)나 급등했다. 현대중공업도 3년 이상 계속되
고 있는 수주의 호조에 힘입어 299.2%(2007.1.2~11.5)나 올랐다. 올
해 초, 아니 2년 전부터 이런 트렌드를 알아챌 수 있는 '새의 눈' 을
가진 사람은 엄청난 돈을 벌었다.

구재상 미래에셋자산운용 대표가 그중의 한 사람이다. 구 대표는

중국 경제가 계속 호조를 보이고 있어 중국 특수의 혜택을 많이 받는 현대중공업 실적도 계속 좋아지고 있다는 것을 3년 전에 꿰뚫어 봤다. 미래에셋자산운용이 운용하는 펀드에 현대중공업 주식을 대량으로 사들여 2년을 기다린 결과 올해부터 주가가 급등해 펀드수익률을 높이는 데 기여했다.

반면 삼성전자는 뒷걸음쳤다. 삼성전자는 여전히 시가총액 1위의 대장주이긴 하다. 하지만 주가 상승탄력이라는 점에서는 대장주 지위를 잃어버린 지 오래다. 삼성전자가 만드는 핸드폰과 반도체 및 LCD 등은 주요 소비지가 미국 등 선진국이다. 하지만 이들 나라의 경제는 그다지 좋지 못하다. 따라서 삼성전자 실적도 최근 2~3년 동안 그다지 좋은 편이 아니었다. 이런 흐름을 읽지 못하고 '삼성전자는 대장주이니깐 괜찮다' 는 관성에 빠진 사람들은 상대적 박탈감에 시달리고 있다.

둘째로 필요한 게 '물고기의 눈' 이다. 시대 흐름은 고정되어 있는 게 아니다. 우리가 방심하는 사이에 시대흐름은 바뀐다. 처음에는 미약하지만 그것이 모여 거대한 물줄기를 바꾼다. 미약한 변화의 끈을 감지하기 위해 필요한 것이 바로 물고기의 눈이다.

물고기는 멀리 있는 것과 많은 것을 보지 못하는 치명적 약점을 갖고 있다. 하지만 조류潮流의 미세한 변화도 감지할 수 있는 탁월한 능력을 지니고 있다. 그런 능력 덕분으로 조류 흐름에 맞춰 이동하면서 풍부한 먹이를 찾아 생존할 수 있다.

큰 배가 방향을 틀 때 한꺼번에 틀 수 없다. 급격한 회전은 배를 침몰시킬 수 있다. 따라서 매우 천천히, 처음에는 느낄 수 없을 정도로 미약하게 방향을 튼다. 주식시장의 대세도 마찬가지다. 상승세로 접어들어 대세상승기에는 좀처럼 하락하지 않는다. 주가가 일시적으로 떨어지더라도 곧 하락폭을 회복하고 더 상승한다. 반면 대세하락기에는 조금 오르더라도 이내 더 하락한다. 대세상승기 때 하락이 일시적 하락인지 아니면 대세상승이 끝난 것인지를 알아내는 눈이 바로 이런 '물고기의 눈' 이다.

셋째로 '곤충의 눈' 이 필요하다. 곤충은 홑눈과 겹눈으로 이루어져 360도에 이르는 모든 방향을 볼 수 있다. 그만큼 주위의 변화를 민감하게 알아챌 수 있다. 곤충의 눈으로 대변되는 감수성은 사소한 변화의 단초라도 놓치지 않는 세심함과 연결된다. 이는 일상생활 속에서 투자기회를 잡는 사람의 예에서 잘 알 수 있다.

'비타500' 이 잘 팔려 나가는 초기에 광동제약 주식을 산 사람과, '나뚜루' 아이스크림이 고가임에도 소비자들의 손길을 끌었을 때 롯데삼강 주식을 산 사람들이 그런 예다. 편의점에서 아이들이 신라면과 새우깡을 사는 것을 보고 농심을 선택하고, 이마트에 손님의 발길을 끊기지 않는 것을 보고 신세계 주식을 매입하는 것도 마찬가지다.

일상생활 속에서 투자기회를 발견하는 곤충의 눈과 조그마한 변화의 단초도 놓치지 않는 물고기의 눈, 그리고 시대의 흐름을 읽어

낼 수 있는 새의 눈을 모두 갖춘 사람은 돈을 쫓지 않는다. 이미 그는 돈이 있는 곳을 알기 때문에 필요할 때마다 그냥 가져다 쓰기 때문이다. 그는 은행 계좌에 수백억 원대의 예금을 갖고 있지 않지만 그 누구보다도 부자이다. 또 돈과 시간에 구애를 받지 않고 자기가 좋아하는 일을 즐기면서 하는 자유인이다.

'콜드 콜'이 우리 아이를 강하게 키운다

● ● ● 미국의 초등학교에서는 어린 아이가 물건을 팔도록 한다. 물론 돈을 벌기 위한 것이 아니라 '성금 모금'을 위한 것이다. 아이들에게 각자가 팔아야 할 상품을 균등하게 나눠주고 일정 시간 이내에 팔도록 한다. 이웃집을 찾아가 "학교 모금을 위해 이것을 파는데 사 주십시오."라고 부탁하는 '콜드 콜Cold Call'을 체험하도록 한다. 이때 아이들은 여러 번 거절당하는 아픔을 겪는다. 어릴 때부터 거절을 당하는 좌절을 겪으며 자라기 때문에 한두 번의 실패에 무너지지 않고 꿋꿋하게 극복한다. 또 콜드 콜을 통해 'No'를 듣는 것에 익숙해져 '저 사람은 나의 제안을 거절했지만 나를 싫어하는 것은 아니다'는 것을 이해한다.

스위스에는 세계적으로 유명한 로제Le Rosey라는 학교가 있다. 제네바와 로잔의 중간쯤의 소도시인 롤Rolle에 있는 이 학교는 초등학교부터 고등학교까지 기숙사가 있고 60여 개 국가의 학생들이 모여 맞춤식 교육을 하는 곳으로 명성을 얻고 있다.

이 학교에서 소풍(하이킹)을 갈 때 학생들은 모이는 장소와 시간만을 학교에서 통보받는다. 소풍가는 날 로제에 다니는 학생들의 복장은 각양각색이다. 몇몇 학생은 하얀 드레스에 하이힐을 신었으며, 정장을 한 학생들도 적지 않았다. 구두나 하이힐을 신은 학생들은 소풍을 가면서 엄청나게 고생을 한다. 그런 체험을 바탕으로 다음번 소풍 때는 절대로 구두나 하이힐을 신지 않는다.

복장은 어떻게 하고, 소지품은 무엇이며, 간식비는 얼마 이내라는 식으로 시시콜콜하게 정해서 알려주는 한국과는 천양지차다. 한국 학생들은 선생님들이 너무 친절하게 알려주기 때문에 소풍가는 날에는 그다지 고생하지 않을지 모른다. 하지만 실제 상황이 닥쳤을 때 어떻게 대응할지에 대한 능력은 현저히 떨어질 수밖에 없다.

아이들은 작은 실패를 통해 강하게 살아가는 법을 배운다. 어릴 때 너무 실패하는 것을 두렵게 여기도록 키우면 아이들은 스스로 생각하는 것을 멈춘다. 생각하지 않고 로봇처럼 시키는 일만 하는 아이들은 크게 발전할 수 없다. 스스로 생각하고 판단하는 능력을 키워줘야 변화무쌍한 21세기를 부자로 살아갈 수 있다. 우리 아이가 사랑스러울수록 자주 콜드 콜을 경험하도록 하자. 실패를 해 봐야 실패를 두려워하지 않고 도전할 수 있으며, 도전하는 사람이 성공할 가능성이 높다.

펀드 투자로
경제교육 효과까지

어린이펀드 투자로 경제교육 효과까지

● ● ● 2007년 10월에 개봉된 〈내니 다이어리〉라는 영화는 뉴욕 상류층의 모습을 그대로 보여준다. 영화는 대학을 갓 졸업한 주인공 애니(스칼렛 요한슨)가 뉴욕 상류층 부인 미세스 X(로라 린니)의 집에 내니(유모)로 들어가면서 시작된다. 미세스 X는 5살짜리 아들 그레이어를 가만 두지 않는, 한국으로 치면 '강남 엄마' 다. 학교 수업이 없는 날에도 쉴 틈을 주지 않고 내니(애니)를 시켜 각종 박물관을 둘러보도록 한다. 그중 가장 인상적이었던 것은 미세스 X가 견학 목록에 '뉴욕증권선물거래소' 를 넣었다는 점이다. 5살짜리 꼬맹이가 뭘 안다고?

한국의 강남 엄마들 중에 과연 아이들이 여의도 증권선물거래소에 꼭 가보길 바라는 엄마가 있을까? 학교에서 하는 견학 코스도 경복궁, 남산 과학원, 박물관, 국회의사당이 전부인데 말이다.

월스트리트로 유명한 뉴욕, 이곳 사람들이 얼마나 어릴 적부터 '증권 교육'을 중요시하는지 새삼 느낄 수 있는 장면이다. 사실 돈을 '억수로' 잘 벌어들이는 그레이어의 아버지 '미스터 X'의 직업도 투자자문사의 펀드매니저다. 내니가 된 주인공 애니가 우등생으로 대학을 졸업한 뒤 일하고 싶어 했던 곳도 바로 '증권가'다. (애니는 빨간 우산이 그려진 씨티그룹에 면접시험을 보러 간다.)

금융의 도시답게 뉴욕의 최고 상류층은 증권맨들이 많다. 우리나라도 아직은 제조업 중심이지만 점차 금융의 중요성이 커지고 있다. 적립식펀드 인기, 코스피지수가 2,000 돌파가 이끈 증시 열풍이 한때의 바람(또는 거품)으로 끝날 일은 아니다.

이제 대학생들이 가장 가고 싶은 회사가 '삼성전자'인 시대는 점점 끝이 보이고 있다. '한국이 동북아 금융허브가 되겠다'는 것이 야무진 꿈일지언정, 한국의 중심 산업이 '금융업'이 될 날은 그리 멀지 않았다. 이제 그 치열한 두뇌싸움에서 이겨 살아남기 위해서라도, 우리 아이들이 어릴 적부터 경제를 피부로 느끼게 해주어야 한다.

어린이용 금융상품에 가입하는 이유도 바로 아이들에게 경제교육을 시키기 위해서다. 가령 적립식펀드에 가입할 경우 어떤 펀드를 선택하더라도 세제 혜택은 똑같다. 다만 굳이 '어린이펀드'로 분류되는 특정 펀드들에 가입하는 이유는 부수적인 혜택이 따라 붙기 때문이다.

어린이 경제교육에서 중요한 것은 무엇보다 '저축과 투자'의 차이를 알려주는 것이다. 지난 1994년 설립된 뒤 어린이펀드 운용면에서 경쟁력을 가진 '스타인 로우' 같은 회사는 어린이들에게 저축과 투자의 차이점을 가르치는 것을 가장 중요하게 여긴다고 한다.

유치원 때부터 초등학교 1~3학년 때까지는 설날 세뱃돈을 받거나 용돈을 받으면 무조건 다락방에 있는 포도상자에 담아뒀다. 그때부터 비즈니스 마인드(?)가 있었던 건지 여섯, 일곱 살 무렵에는 동생과 함께 종이로 지갑, 슬리퍼를 만들어 100원, 500원을 받고 팔았다. 그렇게 한푼 두푼 채워지는 포도상자를 보고 뿌듯했던 기억이 난다.

초등학교 4학년 때는 드디어 통장을 만들었다. 당시 상업은행에 직접 도장을 들고 찾아가 '자유적립식' 통장 계좌를 개설했다. 그 뒤로는 세뱃돈을 받거나 돈이 생기면 은행으로 달려가 예금했다. 포도상자 대신 통장을 열어보며 찍힌 숫자를 보면서 '저축의 기쁨'을 누렸다.

하지만 포도상자든 예금 통장이든 돈을 차곡차곡 쌓는 저축貯蓄의 개념이지, 투자의 개념은 아니다. 내 돈이 쌓이는 기쁨은 알았지만 그보다 훨씬 큰 '돈이 불어나는 기쁨'은 제대로 맛보지 못했다.

여기에서 한 발 더 나아가 '투자의 개념'을 깨우치는 것이 중요하다. 하지만 일반 저축상품으로는 저축과 투자의 차이를 경험하기 어렵다. 대다수의 저축상품은 복리가 아닌 단리 이자 방식을 따르기 때문이다.

단리와 복리는 이자를 계산하는 방식인데 이 둘은 엄청난 차이가 있다. 연 4%짜리 이자를 주는 적금상품에 매달 30만 원씩 부었다고 가정하자. 1년 뒤 만기시점에 받게 되는 돈은 얼마일까?

30만 원×12개월×4%=14만 4천 원의 이자에 원금을 더해 374만 4천 원을 받게 될 것이라고 계산하는 사람들이 많다. 하지만 1년 뒤 실제로 손에 쥐게 되는 돈은 이보다 더 적다.

왜 그럴까? 첫 달에 넣은 30만 원은 12개월 치 이자인 연 4%가, 둘째 달에 납입한 30만 원에는 한 달을 뺀 11개월 치 이자가, 셋째 달에 넣은 30만 원에는 10개월 치의 이자가 붙는다.

이렇게 매달 넣은 돈은 각각 적립한 기간에 따라 이자가 붙게 되며, 이를 '단리식 구조'라고 한다.

그렇다면 복리는 어떻게 계산될까? 매달 30만 원씩 불입하는 적립식펀드에 가입할 경우, 이 펀드의 1년 수익률이 4%라면 받게 되는 이자는 14만 4천 원이 된다. 하지만 여기서 그치는 것이 아니다. 납입한 돈뿐만 아니라 이자도 같이 재투자되기 때문이다. 또 펀드가 주식이나 채권에 투자될 경우 배당금도 함께 재투자된다. 그야말로

'복리의 마법' 이라고 부를 만하다.

펀드는 실적에 따라 수익률이 달라지는 상품이기 때문에 수익률이 변하면서 원금이 어떻게 늘고 줄어드는지 직접 살펴볼 수 있다. 아이들과 함께 투자한 펀드의 운용보고서를 보면서 내 펀드가 어떤 종목에 투자하는지 볼 수 있다. 또 운용사 인터넷 사이트를 통해 수익률이 어떻게 변하는지 보고 수익률과 위험의 상관관계를 배울 수 있다.

무엇보다 단기간의 수익률에 연연하지 않고 장기간 묵묵히 돈을 묻어 둘 수 있을 만한 믿음이 필요하다. 이에 앞서 필요한 것은 돈의 중요성을 '자연스럽게' 가르치는 것이다. 아이들이 돈과 친해지도록 해줄 필요가 있다.

옛날 우리 부모님들은 돌 잔칫날 아이가 국수를 집는 것을 가장 좋아했다. 질병 전쟁으로 유아사망률이 높던 시절 아이가 건강하게 장수하는 게 제일이었기 때문이다. 먹고 살 만해진 시절에는 펜을 잡는 게 가장 으뜸이었다. 공부 잘 해서 '명예로운 일' 을 하게 되길 바랐다. 돈은 항상 나중이다. 물론 재복이 있으면 좋지만 '가장 좋은' 물건은 못 되었다.

'물질만능주의' 라는 말이 있지만 여전히 우리 사회에서 돈은 은연중에 천대받는다. 아이들에게 대놓고 돈 이야기를 해야 하나 고민하는 부모들도 있을 것이다. 하지만 돈은 어떻게 벌고 쓰느냐에 따라 경박한 물건이 될 수도 있고 성스러운 물건이 될 수도 있다.

어린이펀드 투자의 10계명

●●●● 중요한 것은 우리 아이들에게 돈을 어떻게 관리하고 굴리는지, 그리고 어떻게 자산을 나눠 쓰고 투자하는지를 아주 자연스럽게 가르치는 것이다.

따라서 아이들을 위해 금융상품에 투자할 때도 아이들 모르게 하는 것이 아니라, 아이들과 투자의 과정을 함께 해야 한다. 보다 효율적인 어린이 투자교육을 위해 미래에셋투자교육연구소의 이상건 부소장이 밝힌 〈어린이펀드 10계명〉을 소개한다.

1 _ 어린이펀드 투자는 빠르면 빠를수록 좋다

아이들이 이미 10대가 되었을 때는 이미 투자의 시간이 얼마 남지 않는다. 교육비의 가장 큰 부분을 차지하는 것이 대학 등록금이라는 점을 감안하면 이 시기에 자금을 집중적으로 활용할 수 있도록 미리부터 투자해야 한다. 시간을 내 편으로 만들자. 펀드 투자는 하루 먼저 하면 적은 부담으로 더 많은 효과를 얻을 수 있다.

2 _ 규칙적으로 투자하고 끝까지 고수하라

자금계획을 세워 매달 일정한 금액이 불입되도록 하라. 자동이체 해두는 것이 가장 좋다. 자동이체 해 놓으면 이런 저런 이유를 대며 적립금을 납입하지 않는 것을 방지할 수 있다. 사람은 어느 정도 강제를 하는 게 실천력을 높이는 데 효과가 있다. 완전히 자율로 내버려 두면 흐트러질 수 있는 게 사람이다. 자동이체를 해 놓은 뒤 자금에 여유가 생기면 추가로 납입금액을 늘리면 된다.

3 _ 자녀의 나이에 맞게 목표 금액을 설정하라

아이의 현재 나이와 대학 입학 시기를 고려해 투자기간을 정하고, 필요한 목표금액을 정하라. 등록금이 매년 인상된다는 점을 감안해 아이의 나이에 맞춰 투자금액을 늘려라. 늦게 시작하면 납입금액이 늘어난다는 것을 잊어선 안 된다.

4 _ 연간 목표 금액을 정한 뒤 이를 월 단위로 나눠 계획을 세워라

일반인들이 장기투자계획을 세울 때 활용하는 것이 72법칙이다. 투자 수익률에 맞춰 투자기간을 설정할 수 있다. (72법칙은 p.24 참조)

5 _ 세뱃돈, 용돈 등 아이들이 받은 돈도 투자하라

아이들에게 자신이 직접 투자한 돈이 어떻게 늘어나는지 보여줘라. 세뱃돈을 그냥 마음대로 쓰게 하면 돈을 쉽게 벌어 쉽게 쓸 수 있다 는 잘못된 인식을 심어줄 수 있다. 이런 잘못된 인식은 자녀를 과소 비의 덫에 걸리게 할 위험이 있다. 과소비는 소비의 절대규모가 크 다는 것으로 판단하기보다 자신의 소득에 대한 상대적 개념이다. 소 득이 없는 중·고등학생이 휴대폰을 쓰고 그 대금을 부모가 내주는 것도 일종의 과소비다.

6 _ '투자할 돈이 어디 있어?' 라는 핑계는 대지 않는다

어린이펀드의 최저 가입비는 5만 원으로, 일반 펀드의 최저 가입비 10만 원보다 싸다. 적은 금액이라도 가급적 빨리, 장기간 투자하는 것이 중요하다. 담배만 끊어도 한 달에 5만 원은 마련할 수 있다. 저녁 회식 후 술김에 외치는 2차만 자제하면 한 달에 수십만 원은 펀드에 가입할 수 있다. 그러면 너무 인생이 재미없어진다고? 걱정할 것 없다. 술김에 2차 가서 느끼는 재미는 느끼지 않는 게 더 좋을 때가 많은 법이다.

7 _ 투자과정에 아이들을 동참시켜라

아이들과 수익률 변화에 대해 이야기하고, 투자와 저축의 차이에 대해 대화를 나눠라. 아이들에게 잊지 못할 경험을 하게 해줄 수 있다. 자녀에게 금융 IQ와 금융 EQ를 높여주는 기회인 동시에 끊겼던 자녀와의 대화 채널을 복원할 수 있다는 보너스도 챙길 수 있다. 아이들과 함께 고민하고 결정하는 과정에서 집은 그냥 모여 사는 공간이 아니라 함께 온기를 나누는 가정이 된다.

8 _ 과거 교육보험의 폐해를 잊지 마라

과거 교육보험은 가입 시점의 교육비를 기존으로 보험금을 산정했다. 따라서 매년 물가 상승에 따라 지속적으로 오른 교육비를 감당하기 어려웠다. 금리가 높았을 때는 그나마 나았다. 하지만 이제는 금리가 연 5% 안팎이다. 물가상승률을 감안하지 않으면 오히려 손해볼 수도 있다. 자녀 교육비를 마련하기 위해 펀드나 금융상품에 가입할 때는 항상 수익률이 물가상승률을 웃돌 수 있는지를 체크하라.

9 _ 초기에는 주식 편입 비율이 높은 상품을 선택해야 한다

장기간 투자하면 수익률 변동의 위험성을 대폭 줄일 수 있다. 주가는 단기적으로는 내재적 본질가치에서 괴리될 수 있지만 장기적으로는 본질가치에 수렴한다. 따라서 투자기간이 길면 길수록 내재가치가 좋은 주식 비중을 높이는 게 장기 수익률을 향상시킬 수 있는 방법이다. 보수적으로 운용되는 상품으로는 교육비 상승률을 따라가기가 쉽지 않다.

10 _ 투자 계획에 반드시 자녀의 몫을 포함시켜라

재무계획을 세울 때 자녀를 위한 비용과 투자를 엄격하게 분리해야 한다. 현재의 비용과 미래의 투자를 모두 고려한 재무계획을 세워야 한다.

투자교육도 온라인 시대

● ● ● 　주식투자 방식이 점차 다양화, 전문화되고 있다. 하루가 다르게 바뀌는 투자문화 속에서 투자자들이 쉽게 적응토록 하기 위해 증권사 및 관련단체들은 다양한 교육프로그램을 마련, 운영하고 있다. 특히, 최근에는 온라인 교육프로그램이 활성화되며, 바쁜 생활 속의 투자자들을 찾아가고 있다.

일반 투자자들의 투자교육을 책임지는 투자자교육협의회(이하 투교협)는 오프라인 교육이 갖는 시간과 공간의 제약을 뒷받침하기 위해 온라인 교육을 마련, 가능한 한 많은 투자자들이 올바른 투자교육을 함양토록 노력하고 있다.

투교협은 현재 인터넷 교육관(www.kcie.or.kr)을 운영하고 있다. 주니어증권스쿨, 증권투자입문, 경제증권 하이스쿨, 직접투자, 간접투자, 자산관리, 투자자보호 등 투자입문과정부터 실전과정까지 7개 분야에서 필요로 하는 내용을 선택해 수강할 수 있도록 지원하고 있다.

지금까지 인터넷 교육관을 통해 투자교육을 수강하고 있는 투자자는 3만 8,000여 명. 가정은 물론 바쁜 일상을 보내는 직장에서도 많은 투자자들이 온라인 교육을 통해 시간을 아끼고 있다.

투교협의 온라인 강좌 가운데 가장 많은 인기를 구가하고 있는 것은 '자산설계종합교육프로그램'. 2007년 3월에 오픈한 이 강좌는 현재 3,600여 명이 수강하고 있다. 이 프로그램은 저금리, 저출산, 고령화 등 금융환경이 급격히 변화하면서 자산설계에 대한 관심이 증가함에 따라, 투자자의 합리적 투자판단 및 실질적 투자 능력 향상을 위한 종합적이고 체계적인 자산설계 교육을 위해 마련됐다.

2030, 3040, 4050 등 연령대별로 각 15차시(총 45차시)로 구성돼 있으며, 투자마인드 고취, 투자역량 강화, 맞춤형 자산설계, 자산관리 활용 등 기초에서 분야별 투자설계, 실제 활용까지 단계별 과정으로 구성돼 있다.

우재룡 한국펀드평가 대표, 정복기 삼성증권 상무, 전기보 전&김웰스펌 대표, 전 교보생명 상무 등이 자문위원을, 이재호 미래에셋증권 상무, 윤태경 SC제일은행 이사, 최문희 개인재무상담전문법인 IFPK 지점장 등이 책임교수를 맡고 있다.

투교협은 미래의 금융시장을 책임질 청소년에 대한 프로그램도 꼼꼼히 마련하고 있다. '경제증권 하이스쿨'은 고교생 증권표준교재 등을 활용, 청소년들이 실용적이고 종합적인 경제ㆍ증권 교육을 받을 수 있도록 하기 위해 작년 9월 마련됐다.

현재 3,000여 명이 수강을 하고 있으며, 강병욱 경원대 경영학과 교수와 김종민 교보증권 지점장이 강사를 맡고 있다. 경제생활, 기업, 가계와 증권 등 7개 분야 14차시로 구성돼 있으며, 기본과정인 '경제증권캠프'와 심화과정인 '금융투자 플러스'로 구분해 수준별,

단계별로 체계적 맞춤식 교육을 제공한다.

특히, 컴퓨터 환경에 익숙한 청소년대상 교육임을 감안해 강사주도의 동영상 강의 위주로 진행하되 단원별 학습정리, 사례·문제 등에 대해서는 웹기반 형태로 제공함으로써 적절한 동기부여화 학습능률 향상을 도모하고 있다.

국내 증권시장의 커다란 변화 중 하나가 파생상품의 발달이다. 과거에는 리스크를 이유로 취급하기 어려웠던 파생상품이 지금은 주요 상품 중 하나로 자리잡고 있다.

투교협은 ELS 등 신종 파생상품이 투자수단으로서 일반인의 관심이 높고 증권사도 계속적으로 관련 상품을 개발·판매 중이지만, 투자자들이 파생상품을 위험하다고 생각하는 점과 상품구조에 대한 충분한 이해가 부족하다는 점에 착안해 2006년 9월 '알기 쉬운 신종 파생상품 프로그램'을 마련했다.

이 프로그램은 ELS 등의 매커니즘과 위험을 충분히 인식하고 합리적 투자 의사결정을 내릴 수 있도록 교육컨텐츠가 마련됐으며, 신종유가증권의 개요, 주식연계증권ELS, 주가연계워런트ELW, 피생결합증권DLS 등 총 4차시로 구성돼 있다. 강사는 전균 삼성증권 연구위원이 맡고 있다. 투교협은 올 하반기에는 파생상품 관련 온라인 컨텐츠를 추가로 개발할 예정이다.

기적奇蹟은 얼마일까?

죽어가는 목숨을 살리는 기적을 살 수 있다면 그것은 값으로 계산할 수 없을 정도일 것이다. 무슨 소원이든 다 들어주는 지니가 살고 있는 알라딘 램프도 돈으로는 살 수 없다. 상식적인 접근으로는 기적을 사는 것은 불가능할지도 모른다.

하지만 기적을 믿고 진정으로 원하면 기적은 의외로 쉽게 살 수 있다. 그것도 아주 싼 값으로 말이다. 다음의 실화는 1달러 11센트만 있으면 기적을 살 수 있다는 것을 보여준다.

8살짜리 소녀인 테스는 사랑하는 남동생 앤드류가 매우 아프다는 것을 알고 있다. 어느 날 테스는 가난한 아버지가 엄마에게 "오직 기적만이 앤드류를 살릴 수 있다."며 절망적으로 말하는 것을 듣는다.

테스는 자기 방으로 가서 저금통을 깬 뒤 그 돈을 가지고 근처에 있는 약국으로 향한다.

어느 노 신사와 얘기를 나누는 약국 주인에게 테스는 "기적을 사러 왔어요."라고 말한다. "여기에선 기적을 팔지 않는다."는 약국 주인의 말에 테스는 "내 동생인 앤드류가 많이 아픈데 기적만이 살릴 수 있대요. 여기 돈도 가져 왔으니 제발 기적을 주세요."라고 울먹이면서도 또랑또랑하게 다시 말한다.

그러나 여전히 "기적을 팔지 않는다."는 말만 되풀이 하는 약국 주인을 제치고 노 신사가 테스에게 묻는다. "그래, 너는 기적을 사기 위해 얼마를 갖고 있느냐?"고. "지금 1달러 11센트 있고요, 필요하면 더 갖고 올 수도 있어요."라는 테스의 대답에 노 신사는 "그 돈에 기적을 팔겠다."면서 1달러 11센트를 받은 후 테스의 손을 잡고 그녀의 집으로 향했다.

그 노 신사는 바로 세계적인 뇌신경 전문의인 칼톤 암스트롱 박사였다. 암스트롱 박사는 앤드류를 무료로 수술해주었고 그 후 앤드류는 건강하게 살면서 기적을 만들었다.

거짓말 같은 이 이야기는 '우리 아이 1억 만들기'가 불가능하다고 여기는 수많은 부모와 자녀들에게 가능성을 보여준다. 바로 이뤄질 수 있다는 믿음을 갖고 간절히 원하고 행동으로 옮기면 전혀 생각지도 못했던 곳에서 해결의 실마리를 찾을 수 있다는 것이다.

이 책은 '왜 자녀를 위해 1억 원이 필요한가'와 '어떻게 하면 1억 원을 만들어 줄 수 있는지' 등에 대해 비교적 자세하게 설명했다. '우리 아이 1억 만들기'를 위한 목표를 확인하고 전략도 세웠다는 점에서 고지 점령을 위한 첫걸음을 떼어놓았다고 할 수 있다.

이제 남은 것은 이것을 행동으로 옮기는 실천이다. 아무리 좋은 아이디어나 전략이 있다 하더라도 실천이 없으면 아무것도 이룰 수 없다. 흡연이 나쁘고 담배를 끊는 게 건강에 좋다는 것을 모르는 사람은 없지만 실제로 금연에 성공하는 사람은 극소수다. 그것은 막상 금연을 행동으로 옮기는 사람이 드물기 때문이다.

이 책을 읽은 사람들이 모두 강한 실천력을 발휘해서 자녀들이 사회생활을 시작할 때 1억 원을 만들어 줄 수 있기를 기원한다.

참고문헌

- 강창희, 《당당한 자산관리의 원칙》, 팜파스
- 다치바나키 도시아키 · 모리 타케시 지음, 홍찬선 옮김, 《일본의 부자들》, 사회평론
- 동아일보 금융팀, 《마이너스 금리시대 돈버는 투자법칙》, 김영사
- 로버트 프랭크 지음, 안진환 옮김, 《이코노믹 씽킹》, 웅진지식하우스
- 론다 번 지음, 김우열 옮김, 《시크릿》, 살림출판사
- 마담 호 지음, 임수택 옮김, 《부의 시크릿》, 에이지21
- 마르크 피오렌티노 지음, 김성희 옮김, 《아들아, 넌 부자가 될 거야》, 영진닷컴
- 문미화 민병훈, 《유대인식 경제교육》, 달과소
- 방현철, 《부자들의 자녀교육》, 이콘
- 성준용 위정범, 《경제를 살리려면 유대인 같은 장사꾼이 돼라》, 현문미디어
- 육동인, 《유대인처럼 성공하라》, 아카넷
- 이계웅, 〈펀드투자 Insight〉(2007년 5월호)
- 이나연, 《부자 가족의 경제 교과서—엄마의 경제감각이 부자 아이를 만든다》, 더난출판
- 이민규, 《1%만 바꿔도 인생이 달라진다》, 더난출판
- 이민규, 《끌리는 사람은 1%가 다르다》, 더난출판
- 이상건, 민주영, 《미래에셋 투자교육 총서》

- 주디스 브릴즈 지음, 허은정 김우성 옮김, 《내 아이 똑똑한 부자 만들기》, 더난출판
- 최인철, 《돈버는 심리, 돈 새는 심리》, 랜덤하우스중앙
- 캐서린 폰더, 남문희 옮김, 《부의 법칙》, 국일미디어
- 혼다 켄, 홍찬선 옮김, 《돈과 인생의 비밀》, 더난출판
- 혼다 켄, 홍찬선 옮김, 《돈의 IQ EQ》, 더난출판
- 홍찬선, 《주식으로 부자된 사람들의 5가지 원칙》, 뜨인돌
- 홍찬선, 《주식자본주의와 미국의 금융지배전략》, 무한
- 후지사와 가즈키, 홍찬선 옮김, 《가장 안전하게 돈 버는 주식투자 원칙》, 더난출판